讲述
身边的故事

谈永康／著

JIANGSHU
SHENBIANDE
GUSHI

谈永康老师语文课堂演讲选粹

上海教育出版社
SHANGHAI EDUCATIONAL
PUBLISHING HOUSE

Contents
目录

良好学风的引导

听说读写的调教

3

师生情谊的营造

天下大事的相告

趣味常识的介绍

难以忘怀的金玉良言

徐根荣

这是一本比较好读的书。在不知不觉中,我浏览了几百个小故事,留下了许多难以忘怀的金玉良言。谈老师的文章不时有智慧的闪光,但没有说教,这可能是他追求的"教育无痕"的风格。谈老师言谈之间,常常蕴含某种哲理,但一点也不深奥,这也许是他所向往的"童心童趣"的境界。一个语文老师写的书,没有讲多少教学生怎么学语文的话,却用很多篇幅引导学生立身处世、待人接物,这是耐人寻味的。

书中有一篇文章,讲一位高校长曾对他的学生说:"大家捡起一张废纸,这就是爱国的开始。"由此,谈老师进一步引申说:"我们要像高校长说的那样,天下兴亡,我的责任。成绩不佳,不是妈妈的错,而是我没有尽到责任。教室不干净,就应该是我的责任。水龙头不关,也是我的责任。……"的确是这样,一个人最可宝贵的品质,就是责任心,对人对己,对国对家,都要有责任心。而责任心的培养,不要好高骛远,不要空喊口号,要从日常的小事做起,要从自己身边的琐事做起。

这不由地使我想起日本广岛亚运会。运动会散场的时候,人们发现十几万人的场地上竟然没有一张废纸,这让世界各国的媒体都惊叹:"可敬而又可怕的日本民族!"就是因为地上没有乱丢一张废纸,让全世界看到了一个民族的力量。我还想起了美国汽车大王福特的传奇经历。当年,福特大学毕业后去一家公司应聘,和他一同前往应聘的几个人学历都比他高,他觉得自己录取的希望非常渺茫。当他敲门走进董事长办公室的时候,发现进门的地上有一张废纸,便顺手捡起丢进了废纸篓里,然后走到董事长面前接受考试。出人意料的一幕发生了,董事长没有向他提任何问题,却戏剧性地宣布他已被正式录取。后来,福特凭着自己的努力,使公司在美国和世界的汽车产业中独领风骚,他自己也名扬天下。这个故事使我们懂得:捡起一张废纸虽是举手之劳,但却能改变人的命

1

运,改变美国的汽车产业。这就是好习惯的神奇魔力。

时下,有许多家长对孩子的未来充满了梦想,梦想他们能有一个超过自己的美好前程。他们千方百计把孩子送到重点学校,接受优质教育,考上名牌大学,找到称心如意的工作。说实话,谋生也的确是教育子女的一个重要目的,但毕竟不是教育的全部。我想,教育的最终目的应该是让孩子学会做人,学会给社会带来好处,学会给国家作出奉献。而要做到这一点,就必须培养他们良好的品德,健全的人格。比如诚实、守信、负责、坚韧、善良、宽容、谦让、大度、勤奋、节俭、友爱、助人等等。这些品格和素养,对一个人而言往往比考试成绩更加重要。许多天资聪颖的人一生平庸无为,比不上似乎比他们迟钝、后进的人,除了机遇之外,可能就是因为他们有学历而无品格,有能力而无素养,有智商而无情商。

许多国内外教育专家所进行的研究显示:人到 17 岁时,个人素质的发展基本定型,再进行教育效果就不大了。而在这之前,特别是小学阶段的学生,可塑性非常强,这时的教育将决定一个人一生的方向、前途和成败。读了《讲述身边的故事》这本书,我最大的心愿就是希望有更多的像谈永康一样的老师,能以自己独特的教育方式为孩子的健康人生奠基。

(徐根荣:上海市小学语文研究会会长,著名语文特级教师)

真 好

夏元麟

灯下,在我的脑海里,悄悄地浮起了朱自清的名句:

"……层层的叶子中间,零星地点缀着些白花,有袅娜地开着的,有羞涩地打着朵儿的;正如一粒粒的明珠,又如碧天里的星星……"

此刻,在我手中打开的,便是永康的这本集子。

洋洋洒洒,200多篇;每一篇——也许不会超过五分钟的课前演说,大至宇宙空间,小至花鸟鱼虫;远至古代圣贤,近至身旁玩伴;上至国际纷争,下至课桌下的一片纸屑……哪一篇不似星星、不似明珠,正在闪闪地发光?

我想,凡是有志于小学教育的年轻人,都不妨读读这本集子。——注意:是"读",读出声音的"读";让那珍珠般的语言,从自己的唇齿之间流过,这,既是学习,同时,更是一种享受。

而且,在那享受的间歇,不妨闭上眼睛再遐想一下:有一个地方,有四五十个孩子;四五十双明晃晃的大眼,忽而惊叹、忽而欢笑、忽而凝思、忽而期待……

哇,这是多么令人陶醉的时刻!

真好! 真好!

永康,加油!

19年前永康是我的学生;现在,学生的水平,已远在老师之上。深感惭愧,更感欣慰。我想,倘若有一天,每个学生都能超过老师,到那时,咱们这个民族,将是怎样的呢?

也许有人会笑:想得美……

但是,只要我们这些教书的人,人人都像永康这样用心和用功,美丽的幻想就像英特纳雄耐尔一样,是一定会实现的。

(夏元麟:江苏省吴江市教师进修学院高级讲师)

精神文明的薰陶

安南讲故事

2004年
4月
20日

安南是大名鼎鼎的联合国秘书长。安南忘不了小时候发生的一件事：

在课上，老师拿出一张纸，问："你们看到什么了？"孩子们争先恐后地回答："一个小黑点儿。"老师说："这么大的一张白纸没有看到，就只注意了这个黑点。"

接着，老师又拿出另一张纸，问："那么，现在你们又看见什么了？"大家齐声回答："一张好大好大的黑纸。"老师笑了笑说："你们就注意到这张黑纸，却没有发现这中间还有一个小白点哪。"

为什么会忘不了这件事？安南说："对于一个小学生来讲，他不可能明白老师出示这两张卡片背后所蕴含的深刻道理。然而，随着年龄的增长、知识的增多、人生阅历的增加，孩子们会逐渐理解这之中的真正意义。"

故事告诉我们，无论哪一个人，都有"黑点"，也都有"亮点"。一个好的小学生，要多发现、多学习别人的亮点，就会变得更优秀！

坚持就是成功

2004年
10月
29日

最近我们每天都在复习，朗读课文啦，默写词语啦，做练习啦。有些同学不太重视这些小事，大错误不犯，小问题不断。

我讲一个故事，请大家思考。

学生问大哲学家苏格拉底，怎样才能学到他那般博大精深的学问。苏格拉底听了并未直接作答，只是说："今天我们只学一件最简单也是最容易的事，每个人把胳膊尽量往前甩，然后再尽量往后甩。"苏格拉底示范了一遍，说："从今天起，每天做300下，大家能做到吗？"学生们都笑了，这么简单的事有什么做不到的？

过了一个月，苏格拉底问学生："哪些同学坚持了？"有九成同学骄傲地举起了手。

一年过后，苏格拉底再一次问大家："请告诉我，最简单的甩手动作，还有哪几位同学坚持了？"

这时整个教室里，只有一人举了手，这个学生就是柏拉图，柏拉图后来也成了大哲学家。

人人都渴望成功，我们得记着，即使是最简单最容易的事，如果不能坚持下去，成功的大门就不会轻易地开启。只要坚持，成功就会向你招手。

一个伟大的人

2004年
11月
5日

3

这个人的名字在中国家喻户晓。他虽然是加拿大共产党员，却工作战斗并牺牲在中国的土地上。他是每个中国共产党人的榜样。毛泽东的一篇《纪念白求恩》连同这位名医的英雄事迹，曾教育了几代人。

他就是白求恩！老师小时候也是读着他的事迹成长的。现在，我将带着你们一起走近这个伟大的战士！我在这里介绍他在中国的几个小故事：

白求恩一行三人在1938年1月带着大量医疗器材来到中国。白求恩对延安有很好的印象，却提出"军医的岗位是在前线"。有的领导人说要"照顾"他留在这里。白求恩气愤之下，竟拿起一把圈椅向窑洞的窗户砸去，并大喊："需要照顾的是伤员，不是我！"他去前线的事马上得到批准。

白求恩对伤员非常和蔼，开口就是"我的孩子"，对医护人员的要求却很严格。他来到每个医院，都先要检查包扎、消毒这些最基本的程序。有一次，他发现医生竟忘了给伤员上夹板，这会造成终生残废，他当场给了那个责任人一巴掌！不过之后，白求恩又会耐心地讲解医护要领，并亲自示范。被他批评和训斥的人，事过多年也怀着感激怀念之情，因为从他身上学到了真正的医德。

白求恩医治伤员时极端负责任。在齐会战斗中，他不顾周围同志劝阻竟连续三天三夜工作，创下为115个伤员做手术、坚持工作69小时的纪录。此时他年近五十岁，还两次为伤员输血，每次300毫升，白求恩说："你们要拿我当一挺机关枪使。"

当毛泽东要每月发给他100元津贴，他马上拒绝，说："我没有钱，也不需要钱。能和同志们工作在一起，是我毕生最大的幸福。"

白求恩就是这样的人！让我们怀着崇敬的心情走进他的世界！

4

20名大学生被炒鱿鱼了

2004年
11月
16日

今年7月，重庆理念科技产业有限公司招聘了21名大学生。想不到，在不到4个月的时间里，该公司陆续开除了其中的20名本科生。

首先被公司除名的是两名某重点大学的高材生。他们在与客户谈完生意后，将价值3万多元的设备遗忘在出租车上。面对经理批评，两人振振有辞："我们是刚毕业的学生。学生犯错是常事，你就多包涵吧。"

第三个被"扫地出门"的是一名女学生，爱睡懒觉，上班经常迟到，工作时间还上网聊天，多次警告被她当耳边风。

最让人难以接受的是，有一次，公司老总带领员工到外地搞促销，租了一套别墅，有20多间客房，但员工有100多人，很多老员工甚至老总都只能睡在过道上。有些新来的大学生却迅速给自己选好房间，然后锁上房门看电视。他们好几次走出房间，看见长辈睡在地上，竟都视而不见。

讲完了故事，你一定知道了这些大学生为什么会被炒鱿鱼。

天下兴亡，我的责任

2004年
12月
8日

台湾有位校长，姓高。他的学校有三千多名学生，但没有工人，没有保安，一切工作都由学生自己去做。全校集合只需 3 分钟，学生见到老师七米外要敬礼。学生没有寒暑假作业，却没有一个考不上大学的。

这样大的一所学校，高校长有什么好的管理方法呢？

从小事做起！

我们都觉得捡废纸不重要。但是高校长认为：大家捡起一张废纸，这就是爱国的开始。

我们身边也有许多小事。今天作业得"差"，这是妈妈没有辅导我；班级卫生扣分了，就去报告老师谁不认真；洗手池的水龙头哗哗地流水，啊，那是总务处老师的事情……

我们要像高校长说的那样，"天下兴亡，我的责任"。成绩不佳，不是妈妈的错，而是我没有尽到责任；教室不干净，就应该是我的责任；水龙头不关，也是我的责任。

如果我们每个学生都说：班级秩序不好，是我的责任；成绩不佳，是我的责任；国家不够强盛，是我的责任……人人都能主动负责，我们的班级，我们的学校，我们的上海，我们的国家就会越来越好！

愿大家都能记住这句话：天下兴亡，我的责任。

30岁的儿童

2004年
12月
20日

一听这个题目，你们一定很奇怪，怎么会有这么大岁数的儿童呢？

30 岁了,可还觉得自己是个孩子,不会烧菜,家务活不会干。说到这里,大家明白了,30 岁了,还需要别人来照顾自己,当然是"儿童"喽。

这几天,老师在读一本书,书名是《习惯决定孩子命运》,作者是青少年研究专家孙云晓老师。他在全国作了一个调查,发现现在我们中小学生平均每天的家务劳动时间仅为 11.32 分钟。但是,世界各国小学生做家务的时间长得多:美国为 1.2 小时,泰国为 1.1 小时,韩国为 0.7 小时,英国为 0.6 小时,法国为 0.5 小时……

美国哈佛大学的专家对 456 个孩子跟踪研究了 20 年,发现爱干家务活的孩子长大后,跟不爱干家务活的孩子有很大的差别,失业率是 1:15,犯罪率是 1:10,收入相差 20%。

说完了这些,大家一定明白了老师演讲的目的。

老师特别高兴的是,读了这次大作文,我发现有的同学会洗衣服了,有的会给家里看小店了。愿大家每天都帮家里做一件事!

6

腊梅在说什么

2005年
2月
21日

开学啦!大家新春好!

这几天,天冷极了。学校里的腊梅开了,开得那么热烈!

看着淡黄的腊梅,我想起了王冕写的《墨梅》:

我家洗砚池头树,

朵朵花开淡墨痕。

不要人夸颜色好,

只留清气满乾坤。

凌寒而开,腊梅显得高洁。它们在枝头上微笑,仿佛说着什么。

我听懂了——

腊梅在说:"欢迎你,我的朋友!"

腊梅在说:"我不怕冷,一点都不怕!"

腊梅在说:"我现在开得这么旺,这么美,那是因为一年四季我都在积蓄着成长的力量!"

腊梅还在说:"我们开了,春天就要来了!我们要第一个迎接春天!"

亲爱的孩子,你快去听听,你能听到腊梅说什么呢?

假如只有三天光明

2005年
3月
17日

如果三天后,你将失明,看不见任何东西,包括爱你的和你爱的亲人与朋友。这时,你最想做什么呢?

面对这样一个"如果",你们用心写下了自己最想做的事情:

有的同学说:我要痛痛快快地玩一天,打电脑做游戏,跟亲爱的同学一起玩耍,然后合一个影。

有的同学说:我要好好看看爸爸妈妈的样子,再好好看看这世界上美丽的事物,记在心里,在孤独寂寞的时候可以想象亲人的音容笑貌,想象大自然美好的一切。

还有的同学说:第一天我到医院去献一次血,帮助病人;第二天要去聋哑学校,帮助他们;第三天要去陪奶奶,因为她的病很重,我要让她快快乐乐!

也有同学在哭泣:为什么三天后我就看不到光明?那样,我会多么痛苦……

是的,失去了才懂得珍惜,愿每一位同学都爱自己的眼睛,让它变得更加明亮,不断发现世界的真善美!

7

我敬重"小巨人"

"小巨人"就是姚明。

我敬重小巨人，是因为他的高。2米26的个子，在NBA也是鹤立鸡群了。这个高个子，从1996年开始没有好好休息过，每一天都在紧张的训练中，都在奔往下一场比赛的旅途上。这个高个子，在球场上敬业、认真，他每一天都在进步，这进步里凝聚着他太多的汗水。他按照自己的方式成长，他谦虚，他在走自己的道路。

我敬重小巨人，还因为他的笑。姚明喜欢笑，他善良，不乏幽默。姚明说："在NBA，篮球就像宝石一样珍贵，每个人都拼命抢它，然后紧紧揣住，不肯给别人。"这样的话可以说是数不胜数。姚明的笑，代表着乐观、开放和幽默，代表着中国的新形象，美国人和世界都因此接受并喜欢小巨人。

我敬重小巨人，更因为他爱自己的祖国。每次中国男篮集训，时间都正好在NBA比赛间歇期，姚明都放弃与家人团聚的时间，按时向国家队报到。在雅典奥运会上，首场比赛中国队以58比83大败于西班牙，姚明引用了鲁迅的名言："不在沉默中爆发，就在沉默中灭亡。"果然，中国队就在姚明的带领下，在接下来的一场比赛中大爆冷门，杀入八强。

很小的时候，姚明就有一个梦想，就是做一个升旗手，亲手升起五星红旗。现在，姚明为国旗增添了很多光彩。

小巨人是上海的骄傲，代表着上海的高度。愿大家都从姚明身上汲取成长的力量！

治疗心痛的创可贴

创可贴，大家都不陌生，手擦破了，脚蹭开了，一块创可贴就行了。

前几天，谈老师请大家看了一个故事的前半部分：

"妈妈，您在忙什么呢？"还不到6岁的女孩，好奇地问妈妈。

"给邻居家的阿姨做饭。"

"为什么？"

"前几天阿姨失去了心爱的女儿，现在很伤心。我们这几天要好好照顾她。"

"为什么需要我们照顾呢？"

"阿姨以后不能和她的女儿一起做她们喜欢做的事情了，很可怜。人在极度悲伤的时候，做饭和料理家务也会变得很困难的。女儿，你能不能也帮妈妈想想其他能帮助阿姨做的事情呢？"

女孩听到妈妈的提议，认真地思考了良久。突然，她走到邻居家敲响了门。

一脸憔悴和疲惫的邻居开了门。

"有什么事吗？"邻居问道。

此时此刻，6岁的小女孩会说什么呢？她还可能做什么？请你续写。

不少孩子的续写都不错，很多人都设想了做阿姨干女儿的情节，帮助阿姨走出了生命的困境。其中陈柴君同学获得了最贴近原文奖，李蕾同学获得了最佳作文奖。这个故事的后半部分是：

"听妈妈说，您因为失去了女儿，非常痛苦……"女孩羞涩地把攥在手里的创可贴递给了邻居。

"阿姨，把这个贴在胸口吧，那样你的心就不会痛了。"

邻居突然哽咽起来，泪水夺眶而出。她抱住女孩说："谢谢，这个创可贴会治好我的伤口的。"

9

请大家做一道应用题

2005年
5月
23日

请大家做一道应用题,题目是这样的:

给一家窑厂背砖坯,每次背16块,40公斤,走140米,得3分3厘钱。请问:要赚330元钱,需要背多少块砖?走多少米路?

我们做这道应用题用了5分钟,花了不少心思。

老师要告诉大家:这是一个真实的故事,故事的主人公叫刘小环,安徽省临泉县城关镇刘老家村人,11岁。为了能上学,她必须自己赚学费。如果每学期要缴330元的学杂费,那么刘小环必须利用寒暑假和休息天背160000公斤的砖坯,走长达1400000米的路,换算成"公里",是1400公里路。

听了这个故事,你一定有很多的想法。儿童节就要来了,这是个欢乐的节日。我们应该知道,在我们的身边,有刘小环这样自己赚学费的孩子。

两首让人心碎的诗歌

2005年
5月
24日

这是谈老师永远忘不了的两首诗歌。这两首诗都写在第二次世界大战期间,都是孩子写的。第一首诗是在纳粹集中营,一位小女孩对挥锹动土的德国士兵说:

刽子手叔叔

请把我埋得浅一点

你埋得太深了

明天妈妈就找不到我了

也许太小了,这个小女孩还不知道死亡的残酷。她还梦想着第二天早晨,慈爱的妈妈会来到她的身边,给她温暖,带她游戏。事实上,这只是一个梦罢了。

第二首也是一个小女孩写的。同样写在纳粹集中营里,她的名字叫玛莎。这是一个犹太小女孩。请听她的心声:

这些天我一定要节省/我没有钱可节省/我一定要节省健康和力量,足够支持我很长时间/我一定要节省我的神经我的思想我的心灵和我精神的火/我一定要节省流下的泪水/我需要它们很长很长的时间/我一定要节省忍耐,在这些风暴肆虐的日子/在我的生命里我有那么多需要的/情感的温暖和一颗善良的心/这些东西我都缺少/这些我一定要节省/这一切,上帝的礼物,我希望保存/我将多么悲伤/倘若我很快就失去了它们。

在吃不饱甚至朝不保夕的环境下,玛莎仍然如此地热爱生命!

这是 60 多年前两个孩子写的诗歌。她们爱妈妈,爱生活,爱生命。然而活着对于她们,并不是一件容易的事。前一个女孩被纳粹活埋了,另一个则随时都可能被饥饿等夺走生命。

活着的人们,当然也包括我们,都应该珍惜生命,珍惜我们拥有的一切!

聪明的孩子

2005年
5月
27日

一位来中国观光旅游的美国老太太,来到一所小学,请三个中国孩子做一个实验。不一会儿,一个 10 岁的女孩、一个 7 岁的男孩和一个大约 5 岁的女孩,站在了这位美国老太太面前。

美国老太太拿出一只玻璃瓶子。瓶肚很大,瓶口很小。三只刚能单独通过瓶口的小球正躺在瓶底。小球上各系一根丝绳,像青藤一样从瓶口爬出来,攥在这个美国老太太的手里。

美国老太太说:"都说中国人是世界上最聪明的,现在我要试一试。"接着她宣布了游戏规则,"这三个小球分别代表你们三个人。这个瓶子代表一个干井。你们正在井里玩。突然,干井里冒出水来,水涨得很快,你们必须赶快逃命。记住,我数七下,也就是只有七秒钟,如果你们谁还没有逃出来,谁就被淹死在井里了。"

她把三根丝绳递给了中国孩子。空气仿佛凝滞了，好像死神正在四周徘徊。

美国老太太作出一个"开始"的手势。只见那大约5岁的女孩很快从瓶里拉出了自己的球；接下来是那个7岁的男孩，他先是看了一眼比自己大的女孩，接着迅速地将自己的球拉出瓶口；最后是那个10岁的女孩，从容又敏捷地把球拉出了瓶口。全部时间不到五秒。

美国老太太惊呆了：本来一场惊心动魄的游戏，竟这么平淡而乏味地结束了。

她先问那个小男孩："你为什么不争先逃命？"小男孩摆出一副很勇敢的劲头，手指着那个最小的女孩，"她最小，我应当让她呀！"她又问那个10岁的女孩。"三个人里我最大，我应该最后离开。"女孩说。

泪水刷地一下就从美国老太太的眼里涌了出来。她说她在许多国家试过这种游戏，几乎没有一个国家的孩子能够这样完成它，他们争先恐后，互不相让……

故事讲完了。聪明究竟是什么？这三个孩子告诉我们：聪明不仅仅是智力发达；聪明是一种合作，一种爱，一种忘我、无畏的品格。

世界上不是只有真善美

2005年
6月
16日

上个星期五，我们进行了一次续写作文练习。题目就是《车祸以后》，故事讲的是：

2005年3月7日夜间，29岁的衡阳人张衡生行走在107国道湖南湘潭县茶恩寺镇1723界碑处时，被一辆摩托车撞伤。张衡生双腿骨折，右脚肿大，左脚开裂，但伤不致死，拖着露出森森白骨的双腿，他爬到了事发现场30米外的稻田里喝水。村民将他扶到路边树下，给他换上衣服，盖上茅草，送来食物。接下来，张叔叔会得救吗？请展开你的翅膀，写下你的设想。

我认真阅读了你们的续写，我很高兴地看到：你们用自己美好的心灵，用自己的语言描述了张叔叔被抢救被资助的故事，53个人都毫无二致地想到了这样的结尾。很多孩子的故事都很感人。

现在我要告诉大家张叔叔的命运。车祸发生后,摩托车司机驾车逃逸。当地湘潭市公安局 110 指挥中心、湘潭县交警大队和茶恩寺镇政府民政所等 5 家单位相继接到群众电话报案,但均未采取得力措施。无助的张衡生最后因为伤病和饥寒悲惨地死去。

从遭遇车祸到死亡,长达 5 天,悲剧还是发生了。

据报载,相关部门已经对在"张衡生事件"中负有责任的 11 名警务人员予以辞退、行政记大过等处分。

这件事虽然早已过去,但带给我们的思索是长久的。

这个世界,不只有真善美,也有假丑恶。人生的道路,不会都是阳光坦途,也会有阴霾坎坷。大家要充满信心,但也要不怕艰难险阻。

"有一个恶棍,就有一个英雄"

2005年
10月
10日

13

今天我想给大家朗读一篇文章,题目是《母亲的倾诉》。

亲爱的世界:

我的儿子今天开始上学,在一段时间内,他都会感到既陌生又新鲜,我希望你能对他温和一点。你知道,直到现在,他一直是家里的小皇帝,一直是后院的主人。我一直在他的身边,为他料理伤口,给他感情上的慰藉。

可是现在——一切都将发生变化。

今天早晨,他将走下屋前的台阶,挥挥手,踏上他伟大的冒险征途,途中也许会有战争、悲剧和伤痛。要在他必需生存的世界中生活,需要信念、爱心和勇气。所以,世界,我希望你握住他稚嫩的手,教他必须知道的一些事情。教他——但如果可能的话,温柔点儿。教他知道,世界上有一个恶棍,就有一个英雄;有一个奸诈的政客,就有一个富有奉献精神的领袖;有一个敌人,就有一个朋友。教他感受书本的魅力,给他时间,去安静地思索自然界中永恒的神秘,空中的小鸟,阳光下的蜜蜂,青山上的花朵。教他知道,失败比欺骗要光荣得多;教他要坚信自己的思想,哪怕别人都予以否定;教他可把自己的体力和脑力以最高价出售,但绝对不要出卖自己的心灵和灵魂;教他对暴徒的嚎叫不屑一顾……并且在认为自己是对的时候站出来战斗。

以温柔的方式教导他,世界,但不要溺爱他,因为只有烈火才能炼出真钢。

这是个很高的要求,世界,但请你尽力而为。他是一个多么可爱的小伙子。

你们正是这位母亲眼中那个踏上"伟大的冒险征途"的宝贝。这个征途中"也许会有战争、悲剧和伤痛",大家"需要信念、爱心和勇气"。面对假丑恶,我们要知道并且相信:世界上有一个恶棍,就有一个英雄;有一个奸诈的政客,就有一个富有奉献精神的领袖;有一个敌人,就有一个朋友……

愿祝福永远与我们为友

2005年
10月
17日

14

今天凌晨4时33分,在经过115小时32分钟的太空飞行后,神舟六号载人飞船返回舱顺利着陆,航天员费俊龙、聂海胜安全返回。

昨夜,许多黄皮肤黑头发的中国人一夜不眠。这一夜,我们都在翘首以盼,盼望神六平安降落,期待航天员平安无事。在多少人祝福的眼光里,神六回家了,航天员回家了。

神六回家,凝聚着科学家们的智慧和汗水,也寄寓着所有炎黄子孙的牵挂与祝福。当然也有我们的一份。

说到祝福,我还想到昨天,我们班级的李蕾和朱雨茜同学乘着汽车,赴一师附小参加2005年上海市小学生现场作文比赛。让我们也祝福她们能取得出色的成绩,为我们班级、为中山小学争光!

祝福别人,会给别人以希望和力量;愿祝福永远与我们为友!

快乐天使

前天听蒋老师给大家上课,课题真好——《快乐你我他》。

课上的一个环节让我难忘,大家分组推举快乐天使,沈屹宏、陆天翔、金佳峰等几位同学光荣地当选了。

沈屹宏说,组内的同学为了鼓励我,特别推选我当快乐天使。

陆天翔说,每当同学考试不好或被老师批评时,我都会逗他(她)开心。

……

是啊,大家把快乐给了沈屹宏,我们变得更快乐了!陆天翔把快乐给了别人,自己也得到了快乐。

什么样的人最快乐?谈老师想到了一个《天堂与地狱》故事。说的是地狱里的人一桌美味佳肴,可是筷子太长,夹了菜也无法送到自己的嘴巴里。望着山珍海味饿肚子,地狱里的人都愁眉苦脸,痛苦极了!而天堂里的人也是这样的一桌菜,也是这样的一双长筷子,他们夹了菜,送到对面的人的嘴里。这样,所有的人都吃到了菜,都乐呵呵的。

快乐天使,把快乐带给了别人,也把快乐留给了自己。

15

读 巴 金

巴金爷爷离开我们已经整整1个月了。今天,谈老师再来介绍他的故事,表达我们的缅怀之情:

1985年,江苏无锡钱桥中心小学10个即将毕业的小学生写信给他们敬爱的巴金爷爷,向他倾诉他们心中的迷茫:面对社会上商品经济的浪潮,大人们都

热衷于追求金钱，常以金钱、新衣、旅游等来鼓励孩子取得好成绩。孩子们自称是"迷途的羔羊"，他们问巴金，"您伏案写作的时候，您想的是什么？您写了那么多书，您追求的是什么？"

当时已经80多岁高龄的巴金爷爷给孩子们回了一封3000多字的长信，后来又送给孩子们一头瓷牛，鼓励孩子们："理想是存在的！"要孩子们"怀抱理想，少讲空话，多干实事，像牛一样脚踏实地地一步一步地向前……"

今天，当我们怀念这位世纪老人时，最好的方式就是怀抱自己的理想，做到"千里之行，始于足下"。

16 伟大的友谊

2006年
2月
24日

　　巴金爷爷曾经说过："友情在我过去的生活里就像一盏明灯，照彻了我的灵魂，使我的生存有了一点点光彩。"是的，同学间的友情让我们倍感温暖。这一星期，我们同学的演讲就说明了这点。

　　今天，老师再给大家介绍马克思和恩格斯之间的友谊。

　　这是一对伟人，马克思受到反动政府的迫害，生活很穷苦，但仍坚持进行研究工作和革命运动。恩格斯为了帮助马克思，宁愿经营自己十分厌恶的商业，把挣来的钱连续不断地给马克思汇去。

　　在共产主义事业上，他们互相关怀，亲密合作，同住伦敦时，经常讨论各种政治事件和科学问题，一连谈上好几个钟头；后来分开了，他们几乎天天通信，交换意见。

　　恩格斯从事著述的时候，马克思就放下自己的工作，编写其中的某些部分；马克思逝世的时候，他的《资本论》还没有完成，恩格斯毅然放下自己的工作，竭尽全力从事最后两卷的出版工作。

马克思和恩格斯共同研究学问，共同领导国际工人运动，共同办报、编杂志，共同起草文件——40 年风雨同舟，通力合作，他们一起创造了伟大的马克思主义，也建立了伟大的友谊。

向凌超学习

2006年
3月
13日

十年树木，百年树人。如果把我们中山小学也比作一棵树，那么今天的中山小学已经是枝叶繁茂、绿阴如冠的参天大树了。

这里，谈老师给大家介绍一位从中山小学毕业的同学。他叫凌超，正如他的名字，他在学习上凌空飞翔，超越平凡，去年他参加上海市高考，总成绩为 576 分，作文获得了满分。

凌超取得成功的一个重要原因是喜欢读书，而读书的好习惯正是在小学时代养成的。小学一年级时过儿童节，因为考试得了双百，他得到了一套《安徒生童话选》，读后就迷上了图书。后来妈妈经常给他买些课外书，凌超的阅读面也越来越广。小学三年级时就看了《钢铁是怎样炼成的》，四年级时读完了《鲁迅全集》，此外小学期间还看了《约翰·克里斯朵夫》、《悲惨世界》、《莎士比亚戏剧》等外国名著。

凌超是我们的大哥哥，作为中山小学的优秀毕业生，我们要向他学习，学习什么呢？

像凌超那样热爱读书。我们的目标是：好读书，读好书，读书好。凌超同学在小学阶段就读了那么多好书。我们要达到这个目标，必须心中有目标，在家长、老师的帮助下制定一个读书计划，比计划更重要的是每天坚持读一点，双休日多读一点。

像凌超那样全面发展。凌超同学全面发展，在写作、体育等方面都有特长。我建议，在从小学毕业之前，我们每个人都至少要有一样兴趣爱好，比如书法、奥数、写作、发明、下棋等，这个兴趣爱好只要有空你就会去做，就肯花时间去发展。

像凌超那样为校争光。中山小学是百年名校，今天，你因为在这样的学校读书而倍感光荣，明天，你要建功立业，做出实绩，让中山小学因为你而感到自豪！

17

特别的奖给特别的马俊

2006年
4月
12日

　　最近我们写了一篇《我最难忘的一次演讲》的作文。一些同学不约而同地提到了马俊同学的《我有一个梦想》的演讲。

　　请看潘华峰同学的文章：

　　让我最难忘的就是马俊那次演讲。那一次的题目是《我有一个梦想》。大多数人说长大了要去什么地方，想当什么伟大的人。可马俊却想当个清洁工，当时我们全都大吃一惊。

　　听了他的演讲，我不再觉得奇怪了。因为马俊是有原因的：一是为了继承他爸爸的工作；二是要让地球变得美丽起来。

　　"要让地球变得美丽起来"，这是多么伟大，多么美丽的梦想。

　　俗话说，"三百六十行，行行出状元"。世界上有许许多多工作，很多工作都是极其普通、平凡的，马俊提到的清洁工就是这样。做一名清洁工人不难，做一名伟大的清洁工却并不容易，10年后，20年后，随着时代的进步，社会的发展，你可能驾驶着新型垃圾车，你可能坐在电脑前，为整个城市的市容市貌贡献自己的智慧……你能说这样的清洁工人简单吗？

　　为了表彰马俊这个特别的梦想，老师特意授予他"周最佳演讲荣誉奖"的称号，并奖给他一期最新的《读者》，让我们用掌声向马俊致敬！

世界冠军的秘密

2006年
10月
17日

　　大家都在电视上看到过世界冠军，他们站在高高的领奖台上，脖子里挂着金牌，手上拿着鲜花。国歌奏响，国旗升起，在这激动人心的时刻，世界冠军微笑着。

世界冠军有秘密吗？当然有，日本有一位著名的马拉松运动员，他的名字叫山本田一，曾多次获得国际马拉松比赛冠军。对于自己的成功，他一直不肯说原因。直到退役了，不再长跑，他才说出其中的秘密。原来，每次比赛前，他都要沿比赛线路走一遍，记下每一个有明显特征的地方，比如，这儿有一座桥，前边是一个学校，再前边是一家商场，后面不远又是一家医院……这样，在比赛途中，他就想着，经过这座桥，下面就是学校，过了学校，就是商场，然后是医院……直到终点。

哦，世界冠军与别人不同的，就是把大目标分解成一个个小目标，使自己不感到终点的遥远，于是永远有用不完的力气，使不尽的力量。

我们每个人，是不是都要向这世界冠军学习？

宽容像首歌

2006年
11月
23日

19

公交车刚靠站，一位胖大嫂提了一条鱼上来。车上很拥挤，一不小心，胖大嫂把一个男青年的裤子弄脏了。没等男青年开口，大嫂先说了："没关系，回家擦一擦就没事了。"男青年一听，耸了耸肩膀，说："大嫂，本来应该你说'对不起'。我说'没关系'的；现在，既然你说了'没关系'，那我只好说'谢谢你'了。"周围乘客哄堂大笑起来。胖大嫂一下涨红了脸。

不小心碰了别人，这样的事情在我们的生活中经常发生，你是怎么做的？是像这位青年这样宽容一点，幽默一下过去呢，还是斤斤计较，非要出手打架或骂人才好呢？

宽容像首歌，让我们觉得愉快。

给予树

2007年
3月
8日

我们听到过很多树的名字，比如榆树、杨树等；我们也亲眼目睹许多树木，高大的银杏、挺拔的青松、婀娜的柳树等。

但是世上有给予树吗？有！

学习了课文《给予树》，我们就知道，原来这是一棵帮助穷苦孩子实现愿望的树啊。课文中那个善良而又仁爱的金吉娅，还有许多像金吉娅一样的好人，奉献爱心，帮助他人，他们在每个人的心中种下了一棵高大的给予树。

我们学校四(2)班的一位同学刚得了白血病，正住院治疗。学校近日组织了爱心捐款活动，很多同学捐出了零用钱、压岁钱，用自己的实际行动种下了一棵棵给予树。

让我们祝福所有不幸的孩子，伸出自己的手，去力所能及地帮助他们！

两张稿费单

2007年
5月
17日

这里有两张稿费单，让我们来认识一下(用实物投影仪呈现)。

这是《中小学电脑报》投寄给我们班级的陈嘉炜和张晨曦两位同学的。他们都有一篇习作发表在这张报纸上。

发表了文章，得到一点报酬，这就是稿费。

跟这两位同学相比，谈老师就自愧不如，我拿到第一份稿费是在读高中时，发表了一首诗歌，收到了邮局送来的一张稿费单，3块钱。数字不大，但让我激动了好多天，一直没有到邮局里去取这份小小的稿费，而是作为纪念留在身边。前不久，谈老师搬家时还理出了这张稿费单，它的年龄可比你们大，足足有15

年了。

　　愿两位同学也珍惜这样的稿费单,让这稿费单成为你成长的美好的纪念。

这次演出让我印象深刻

2007年
5月
31日

　　上午,我们一起观看了"中山之春"艺术节展示活动,小品、歌舞、魔术、合唱……节目精彩纷呈,老师学生同台献艺,给人留下深刻而美好的印象。

　　让我久久难忘的是两个细节:一是四位主持人,二老二新,无论新老,在报完幕后,都是男生站着不动,让女生先走。女士优先,这是一种很文明的行为。

　　二是这次演出的演员有大有小,多数演员要演出两场甚至更多,每次演出都是那么认真,那么投入。特别是晚上,这批演员还要参加汇报演出,8点后才能回家,真是很辛苦。

21

　　欣赏精彩的演出,想到演员们舞台下流的汗水,我们要感谢他们给我们带来美的享受。

甜蜜的节日

2007年
6月
1日

　　老师走进教室,有几位同学注意到老师手里拎着一个口袋,很好奇。

　　现在,老师来揭秘吧——昨天晚上,谈老师准备了55颗大白兔奶糖,送给每一个同学,愿大家品尝着奶糖,过一个甜甜蜜蜜的儿童节。

　　沈心宇的妈妈送来了很多的小吃与糖果;这是学校给每位同学的礼物;听说,我们班主任吴老师昨天特别允许大家带一点小东西过来。

　　所有的这些,都是大人给你的节日增添的甜蜜。

　　愿大家也用自己的行动,为自己赢得甜蜜,给师长,给这世界带去甜蜜。

你知道他的姓名吗

2007年
6月
12日

每天放学,都有一个老人,会来我们教室,把窗户一一关上,然后去另一个班级。我们学校有近40个教室,老伯伯每天都要关门、开门,上楼、下楼,不知要走多少台阶。

如果你再注意,还会发现,放学后或者双休日、节假日,这位老伯伯还会拿着笤帚、簸箕,把校门口打扫得干干净净。有时候,还会拎着个蛇皮袋,右手拿着火钳,把废纸什么的都一一夹进蛇皮袋……那些落叶缤纷的日子,他每天都会打扫几次。

他是学校传达室的老伯伯,他叫什么名字?(学生没有一个人知道)老师告诉大家,他姓褚。这个每天都为我们服务的老伯伯,你们应该知道他的姓名。类似的还有打扫楼道卫生的阿姨,送饭打菜的叔叔等。

记住,在你们的生活中,会遇到许许多多的人,他们都值得你们去注意、去关心。

昨天是父亲节

2007年
6月
18日

昨天是父亲节。我想起了两个故事:

第一个是孔融让梨。孔融小时候聪明好学,大家都夸他是神童,父母亲非常喜爱他。一天,父亲买了一些梨子,特地拣了一个最大的梨子给孔融,孔融摇摇头,却另拣了一个最小的梨子,他说:"我年纪最小,应该吃小的梨,这个梨就给你吧。"父亲听后十分高兴。

第二个故事讲的是子路。子路是春秋末鲁国人,是孔子的学生,特别勇敢。子路小的时候家里很贫穷，长年吃粗粮野菜。有一次，年老的父母想吃米饭，可是家里一点米也没有，怎么办？子路想：要是翻几道山到亲戚家借点米，不就可以满足父母的这点要求了吗？于是，小小的子路翻山越岭走了十几里路，从亲戚家背回了一小袋米，看到父母吃上香喷喷的米饭，子路忘记了疲劳。

今天，我们也许没必要省一个梨子给父亲，或者背一袋米孝顺长辈了。但是，心中有长辈，这是永远要记住的。

学特奥，见行动

2007年
10月
8日

最近，有一件大事牵动着全国人民的心，那就是在上海举办的世界特殊奥林匹克运动会。这届特奥会的足球比赛就在松江进行。国庆这一天，我们迎来了一批特殊的客人——巴林特奥代表队，20多名外国友人跟我们的学生、老师一起跳啊，蹦啊。短短的两个小时，大家的心已经融合在一起。

最近，我们学校也有一件大事，那就是在每个年级的楼道口，挂上了一块大大的"人人讲规范，班班争红旗"的荣誉榜。看着上面颜色不一的旗帜，我们同学的心中滋味不一，有的骄傲，有的失落。

有人问，这两件事有什么联系？当然有，老师用一句话来概括，就是：学特奥，见行动。

学习特奥运动员，向着目标永不言败。在我们的学习和生活中，有许多的事情不是做不到，而是一开始就在心里给自己下了一个定语"我不行"。一次轻轻的推球，一次轻松的翻滚，一个简单的跳跃，对这些特奥孩子们来说，他们做到这些，要比正常人付出更多的努力，但是他们在向自己的极限进行挑战，从不言败。我们的班级是一个团队，各项规范评比要力争红旗，要拿年级第一，齐心协力，严以律己，劲往一处使，我们就一定能迎来阳光灿烂的辉煌。

学习特奥运动员，包容别人，为别人鼓掌。在特奥高尔夫球比赛中，运动员一次挥不中没关系，可以挥第二次、第三次；打不进洞没关系，可以进更大的洞。

体操比赛现场,在背景音乐的伴奏下,特奥运动员挥舞一下跳绳,转两圈丝带,或者拍两下小球,一套动作就算完成了。这时全场就响起雷鸣般的掌声。在掌声中,特奥选手开心地做一个谢幕姿势,带着自豪和微笑慢慢退场。掌声,永远是给他人最丰厚的礼物。同样,当面对没有拿到红旗的班级同学,在他们遇到困难和挫折缺少勇气前进的时候,真诚地给他道一句"我行,你也行",或许他们因为你的这句鼓励会坚定前进的方向。

"平等、接受、包容",这是特奥会的精神。这对全社会,对我们,对"人人讲规范,班班争红旗"活动同样适用。这样的评比应该让我们变得更加坚强、包容、和谐。最后让我们一起朗诵特奥会主题歌的歌词来结束今天的演讲:

我想我可以,永远跑下去,把梦握在我手心里,永远舍不得放弃,所有生命为我骄傲起立,我和你一起,起飞顶天立地,向世界呼喊,你行我也行……

讨价还价

一位聪明的小男孩汤姆给妈妈讨价还价了,他写了一张账单:"汤姆给妈妈到超市买食品,妈妈应付 5 美元;汤姆自己起床叠被,妈妈应付 2 美元;汤姆擦地板,妈妈应付 3 美元;汤姆是个听话的孩子,妈妈应付 10 美元;合计 20 美元。"汤姆写完,把纸条压在餐桌上,便上床睡大觉了。

忙得满头大汗的妈妈看到了那张纸条后,只是笑了笑,随即在上面添上几行字,放回了汤姆的枕边。醒来的汤姆看到了这样的一张账单:"妈妈含辛茹苦地抚养汤姆,汤姆应付 0 美元;妈妈以后还将继续为汤姆奉献,汤姆应付 0 美元;合计 0 美元。"

这张纸条,被汤姆永远珍藏着。

你知道汤姆为什么要珍藏这张纸条吗?

不一样的母亲

昨天,我在《文汇报》上看到两幅照片,很有感触,与你们分享:

第一幅照片摄下了美丽的郁金香,透过报纸,我似乎都能闻得到花香。可是,一只大人的手摘下了最美的那一枝……

第二幅照片上,公园里,一个刚刚学会走路的孩子,在妈妈的搀扶下,伸出胖乎乎的小手,准备摘取他喜欢的花……

两只手,不文明的手。

这样的景象,大家也许不陌生。四月天,桃红柳绿,春光明媚。春游的人多起来了,人们赏花观景,其乐融融。然而,摘桃花,折柳枝,绿地里挖野菜,花坛当中拍照,草地上践踏玩耍…… 少数人的举动,真是煞了风景。

也有一位母亲,做着很辛苦的活,以给超市送盒饭为生。每次卖完盒饭,她总是要把饭盒再拿回去。有人问她:"你为什么要这样做?"

这位母亲回答:"我做不了大事,但是我为了给自己的孩子留下美好的大自然。"

一样的母亲,都有孩子;不一样的母亲,一个是纵容孩子摘花,破坏环境;另一个呢,是从小事做起,为孩子留下一份美好!

亲爱的孩子,你希望你的母亲是中间的哪一位呢?

每个孩子都应该做些让世界变得更美好的事

这是老师从网络上读到的一篇小文章。"每个孩子都应该做些让世界变得更美好的事",多么吸引人的题目,多么有意思的话题,我迫不及待地看了下去。

哟,这里好多的事情,我们都可以做,不妨来听听:

在十二月份,给每个你碰到的商店店员送上一支棒棒糖。

老人节的时候做一些小礼物,送到养老院,或送给社区里的孤寡老人。

把一周的零用钱捐给慈善机构;

帮那些需要帮助的人倒垃圾、扫树叶或者铲雪;

主动到厨房去帮父母的忙;

给社区里的流浪动物喂食喂水;

收集一些帽子和手套,捐给贫困地区的小学;

在公园里帮忙捡垃圾;

把精美的衣服或好的玩具捐给生活贫困的孩子;

为一位年长邻居家里的电冰箱画一幅画;

把自己在家里做的卡片寄到当地医院的儿童病房,祝小病人们早日康复;

种一些花或小树。

这些事情都可以使世界更美好,同时让你终身难忘。

送你 10 句话

寒假快结束了,新学期开始了。这是你们在小学学习、生活的最后一个学期。老师送你 10 句话。

1. 老师爱你，不是因为你的学习成绩，而是你的良好人品；

2. 欢迎你给老师留条、写信和打电话，请礼貌、得体地表达你的想法、要求与建议；

3. 今日事今日毕；

4. 每天三省吾身：今天我读书了没有？今天我进步了没有？今天我还有什么需要努力？

5. 请找到你最喜欢的一部经典百读不厌；

6. 写一手好字，说一口普通话，写一篇好文章，每学期都上讲台作一次演讲；

7. 学好语文，就是掌握了一把打开幸福人生的金钥匙，所以，请热爱语文吧！

8. 最受欢迎的人，一定是懂得聆听的人；

9. 会用电脑写作文，常到网络的海洋中寻觅知识的宝珠；

10. 把练习当成考试，把考试当作练习。

老师的傍晚

2009年
3月
6日

　　跟你们差不多大小时，老师在江南一个偏僻的小镇读书。每天，学校放得早，我回家后第一件事就是做作业。做完作业不能玩，干嘛？夏天天气好的话，还要去割草，割满一篮子才好，家中的数十只兔子看到我，甚至只要听到我的脚步声，它们就会趴到棚沿上，瞪大眼睛看着小主人。我会逐一喂点草给它们吃。

　　到了秋季，天黑得早了，我做好作业，就去把放养的公鸡、母鸡找到，再一只只赶回家。家中还有鸭子，鸭子比较贪玩，喜欢水，一般会跑到不远处的小河里去游泳，吃螺蛳和小鱼。整天不回家，这时就需要人去捉回家。鸭子挺笨的，看到主人，也认不得，你要是喊得急了，它们会手足无措，根本找不到回家的路。你在这岸边，它们就跑到对岸。你跑到那里，它们却已经游到了这边。因此，赶鸭子是一件费时又费力的活儿。

　　你们的傍晚呢？多数孩子大约在4点半回家，冬天已经天黑，夏天还可以。

不过,少数同学还得留下来补作业、订正练习。据老师了解,已经没有一个孩子回家干活了。

除了学习,大家在傍晚还能做些什么呢? 请每一个孩子都思考思考。

行为习惯的斧凿

表扬王逸伦

2004年
3月
26日

昨天，谈老师读到了一位同学的日记，十分感动。这篇日记是这样写的：

今天是我做值日，一大早就来到了学校，开始打扫教室。我特别认真地打扫着地面，不放过一张纸屑；扫完了一排，马上扫另外一排。桌子脚下的纸藏得好好的，最难扫了，我得蹲下去，一手搬桌子一手把纸头抽出来……

她是谁呢？她就是王逸伦。

我们要向王逸伦同学学习，学习她爱劳动、爱集体的精神。

愿二(3)班涌现更多的王逸伦！

"飞弹"击落了日光灯

2004年
4月
6日

我正在办公室批作业，几个小朋友急匆匆地跑上来，告诉我"李雪斌把教室的日光灯打碎了"！

我连忙向教室奔去，刚踏进教室门，就见大伙儿围成一堆。啊，日光灯已经粉身碎骨，地上满是玻璃片，多危险哪！一看小朋友都没事，我才舒了一口气。

苏心凡眼疾手快，已经在打扫玻璃碎片了。我让周围的小朋友仔细检查桌椅和衣服,要是玻璃残留在那些地方,可是很危险的。

李雪斌同学低着头,站在一边,日光灯是他用一瓶矿泉水当飞弹打下来的。

小朋友,教室是学习的场所,千万不要再在教室里发射"飞弹"了!

只用了两个星期

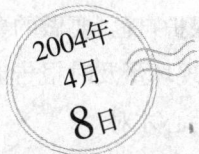

2004年
4月
8日

大家还记得两周前,我在演讲时说到最后一个离开教室的人吗?那天,是谈老师代理班主任工作的第一天,教室里桌椅不齐、地面不洁。

昨天下班前,谈老师又来到我们的教室。啊!好整洁的教室呀,只见桌椅整整齐齐、地面干干净净,多么赏心悦目!我的心里,仿佛吹过一阵和煦的春风!

请昨天下午打扫教室的同学起立,接受我和小朋友们的掌声!

我也要感谢二(3)班所有认真扫地,为别人,也为自己创造优美环境的孩子!

古人讲:"一屋不扫,何以扫天下?"仅仅两周的时间,我们的教室就彻底变了样子。这是多么神奇的变化!

下一周,我们二(3)班又会发生什么神奇的变化呢?

老师期待着!

31

学会自我保护

2004年
4月
14日

这个星期一,学校红领巾广播的专题是:学会自我保护。

有些小朋友不以为然,说:"学校里有老师,大街上有警察,我们要保护自己干什么?"

这些小朋友说得对不对呢?

我先来说刚刚发生在我们年级的事情。前几天的一个中午，该吃午餐了，5班的同学端着不锈钢餐盘，跑着去排队。这时，一个三年级的大姐姐迎面走来，男孩子避让不及，重重地与大姐姐撞在了一起。就是这样一撞，餐盘磕在了鼻梁上，老师马上把他送到医院，医生给缝了好几针。

这是血的教训啊！

保护自己，要做的事情太多了。比如不在学校走廊里奔跑，不在教室里玩游戏，发现坏蛋及时报告老师，等等。即使拿铅笔这样的小事也很有讲究，笔尖应该朝手心才对。

明天，我们学校将进行紧急疏散演习，目的是提高大家的警惕，学会如何在危急的情况下保护自己。

"我在幼儿园里学到了最重要的东西"

2004年 4月 15日

一次，记者采访一位诺贝尔奖获得者，问："您在哪所大学、哪个实验室学到了您认为最重要的东西？"他沉思片刻回答："幼儿园。"啊？幼儿园？记者大吃一惊。

诺贝尔奖获得者解释说："幼儿园教会我把自己的东西分一半给小伙伴，不是自己的东西不要拿，东西要放整齐，吃饭前要洗手，做错事情要表示歉意，午饭后要休息，要仔细观察大自然。从根本上说，我学到的最重要的东西就是这些。"

原来，小时候受到的良好教育将会受益终身，怪不得这位大名人忘不了幼儿园呢。

"三岁看大，七岁看老"。此话虽然夸张，但它告诉我们一个道理：一个人要有所作为，成为出色的人才，必须从小时候开始，就严以律己，不懈努力。

今天，请为妈妈洗一次脚

今天是三八妇女节，是所有妈妈的节日。

礼物很多，但最珍贵的只有一种，那就是用心去做。这里，老师向你推荐一份最别致的礼物：为妈妈洗一次脚。

母亲，我们生命中最重要的人之一。从母腹中孕育我们开始，一直到她们离开人世，母亲给我们的是绵绵无尽的爱。从小到大，妈妈不知给我们洗过多少次脚。如今，我们长大了，用不着让妈妈给我们洗脚了。让我们试着去给妈妈洗一次脚吧！那一定是一次令人难忘的感动；那一定是一次心灵的交流；那一定是一次情感的迸发。

也许我们会觉得不自然、不好意思，不知道怎么说出口，那么请你先与母亲谈谈心聊聊天，说说自己对妈妈多年辛劳的感受、感谢与感动，然后再提出洗脚的请求。

老师倡议的目的就在于这样的心灵交流，只不过通过洗脚这样的小事表达出来罢了。

闻鸡起舞

鲜红的太阳从东方冉冉升起，天上的云霞看到太阳出来了，有些兴奋，脸蛋便慢慢红起来。街上行人还不多，车子也少，我呼吸着新鲜的空气，感到神清气爽。这时候拿起一本书读上几页，真是一件快乐的事。

读着读着,我便想起了闻鸡起舞的事。

晋代的祖逖小时候不爱读书,非常淘气。时光流逝,他成了一个青年,他意识到自己知识贫乏,于是就发奋读起书来。他广泛阅读书籍,认真学习历史,从中汲取了丰富的知识,学问大有长进。24岁的时候,有人推荐他去做官,他没有答应,仍然不懈地努力读书。

后来,祖逖和小时候的朋友刘琨一起工作。他们感情深厚,还有着共同的远大理想:建功立业,振兴祖国。一次,半夜里,祖逖在睡梦中听到公鸡的鸣叫声,就把刘琨叫醒,对他说:"别人都认为半夜听见鸡叫不吉利,我偏不这样想,咱们干脆以后听见鸡叫就起床练剑,如何?"刘琨一口答应了。于是他们每天鸡叫后就起床练剑,剑光飞舞,剑声铿锵,春去冬来,寒来暑往,从不间断。

工夫不负有心人,经过长期的学习和训练,他们终于成为了能文能武的全才,实现了报效国家的愿望。

故事讲完了,希望你也闻鸡起舞,珍惜现在的好时光,将来报效祖国。

34

"我有属于我的天"

2005年
6月
2日

老师喜欢听音乐,好的流行歌曲也是百听不厌、颇有意思的。比如周杰伦的《蜗牛》。请大家来欣赏周杰伦演唱的这首歌。(放歌曲)

该不该搁下重重的壳/寻找到底哪里有蓝天/随着轻轻的风轻轻地飘/历经的伤都不感觉疼

我要一步一步往上爬/等待阳光静静看着它的脸/小小的天有大大的梦想/重重的壳挂着轻轻的仰望/我要一步一步往上爬/在最高点乘着叶片往前飞/让

风吹干流过的泪和汗/总有一天我有属于我的天

蜗牛够丑,蜗牛太渺小了。但是蜗牛总是不放弃,蜗牛一直往上爬,因此被人们歌唱,被人们赞美。

我们每一天都学习新知识,掌握新本领,不就像一只蜗牛?只要有远大的理想和目标,锲而不舍,也一定会找到属于你的天的。

我在这里祝福你们每一个人!

健康让人更美丽

2005年
9月
27日

52 岁的美国老人菲尔·劳勒注视着一个戴眼镜的少年吃力地在运动场上一圈圈跑过。这个身体比别人胖、动作有些笨拙的孩子将按照自己的速度完成 13 分钟跑。细心的人会注意到,男孩远远落在了后面。但是,体育老师劳勒先生关心的不是谁跑第一,谁跑最后,重要的是所有孩子都在跑。当这个学生步履沉重地跑完了全程,他检查了自己的腕式心脏监视器,向劳勒报告说:自己的心率有 11 分钟在"适当的范围以内"。"很好!"劳勒回答说:"今天你可以得 A。"男孩脸上乐开了花。

老师说这个故事,是希望无论你将来做什么,人人都要有一个健康的体魄。

健康是人类的第一财富,没有了健康,就无法学习,更不要谈将来为祖国和人民工作了。

最近,我们的一个学生在家里跳绳,不小心碰倒了啤酒瓶,瓶子发生爆炸,孩子脚上的跟腱断裂了,他好几个月都不能来上学了。

健康的身体来自你的安全意识,来自你终身锻炼的习惯。

35

一分钟可以做什么

2005年
10月
9日

一天,著名的教育家班杰明接到一个年轻人的求救电话。年轻人希望能与班杰明见面,并请教成功的秘密。班杰明与年轻人约好了见面的时间和地点。

当那个年轻人如约而至时,班杰明的房门大开着,眼前的景象令年轻人大吃一惊——房间里乱七八糟,狼藉一片。

没等年轻人开口,班杰明就招呼道:"你看我这儿太乱了,请你在门口等一分钟吧。"他边说边把门关上了。

不到一分钟的时间,班杰明就又打开房门,并热情地把年轻人让进了客厅。这时,年轻人的眼前是一个非常整洁的房间,桌上还放了两杯刚倒好的葡萄酒。

班杰明说:"年轻人,来,干杯,你已经得到答案了吧。"

年轻人尴尬地说:"可是,我还没有向您请教呢……"

"这难道还不够吗?"班杰明一边看着自己的房间一边说:"你进门之前看到了什么? 可一分钟之后,你又看到了什么?"

"一分钟?"年轻人若有所思,"我懂了,您让我明白了一分钟的时间可以改变很多事情。"

一分钟只有60秒,可以做什么?教育家用一分钟把凌乱的房间变成了一个整洁的世界。这个一分钟,让青年人领悟到成功的关键是用好无数个一分钟。

珍惜一分钟,用每一分钟来改变我们的学习、我们的生活。这是老师的期望。

为"痛改前非"鼓掌

我们都喜欢电视。

电视是我们的朋友,适当地观看可以帮助我们开阔视野,增长见识,发展能力,健全人格。

可是,任何事物过了头,就会影响学习和生活。

我们班有个男孩子,人聪明,也有个性,可是双休日看起电视来没完没了,有时竟长达10个小时。谈老师读了他写的日记,在感谢他信任的同时真诚地向他提出了要求,希望他双休日每天只看一两个小时的电视。

这不,这男孩子马上行动起来,他在随笔本里悄悄告诉我:

在国庆节里,我准备痛改前非,改掉一天看十多个小时电视的坏习惯,养成爱看书的好习惯。这样既可以补充我的睡眠,又可以让我得到丰富的知识,简直是两全其美,何乐而不为呢?虽然我可能做得不怎么优秀,但相信只要我坚持不懈,这个坏习惯一定会改掉的!

让我们为这样的"痛改前非"鼓掌!

37

考试,不仅仅在教室里

我请大家猜一样东西:

我,住在校门口,每天看着你们上学、放学;我身穿黄衣裳,上面有一张嘴,永远饥饿地张着,等着小朋友来喂食;下面也有一张嘴,平时锁着,只有松江环保署的叔叔来了,我才会快乐地张开。

大家猜到了吗?对,我就是废电池回收桶。

对了,这只废电池回收桶还有话对大家说呢:

平时,我总是不声不响,不大引人注意,我的饭量很大,可是每天吃到的电池太少了,有时一天都没有一节。

最让我难受的不是饥饿,而是那些不懂事的孩子,他们居然把我当成了垃圾箱,塑料瓶、废纸、玩具等等,被一只只小手塞进了我的嘴巴。这些垃圾就一直在我肚子里,害得我消化不良,非常难过。

电池桶的故事讲完了。

我为什么要讲这个故事呢?

大家一定知道,这个星期我们要进行期末考试。在成长的道路上,每一天都有考试,这些考试不一定都有分数——有时,你会得到一个肯定的微笑;有时,你会得到一声真诚的"谢谢",如此等等。

废电池回收桶,就是一场特殊的考试。它每天都在问,你是否把家里的废电池带来了?据科学家研究,一节5号电池足可以把一平方米的草地破坏掉。亲爱的同学,你能通过这样一次考试吗?

老师在这里祝福你们,希望大家认真复习,认真考试,更上一层楼;同时也祝愿大家在人生的每次考试中都合格。

说说毕业

2006年
5月
16日

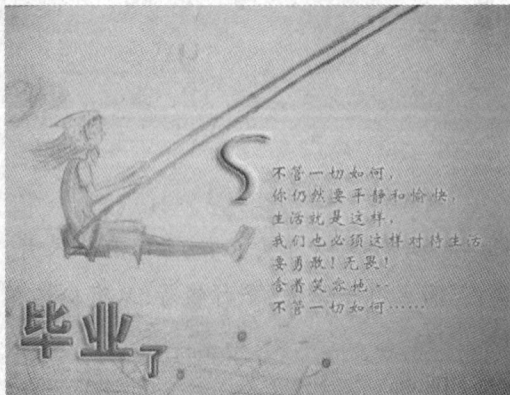

不管一切如何,
你仍然要平静和愉快,
生活就是这样,
我们也必须这样对待生活,
要勇敢!无畏!
含着笑容地,
不管一切如何……

毕业了

什么是毕业?《现代汉语词典》这样解释:在学校或训练班里学习期满,达到规定的要求,结束学习。

这很正确,又太简单,太抽象了。

再过一个月,就是小学毕业考试;之后,我们就要毕业了。只要你在学业考试中获得了及格的成绩,只要你的道德操行良好,届时你都会领到一份大红的毕业证书。

但是,老师先要问问大家:拿到一张证书,就是毕业吗?

这显然不够。

小学5年——

如果你只是读了教科书,而从来没有读过中国四大名著的任何一本;如果你课外只看动漫,而从未接触《夏洛的网》等,你能说自己毕业了吗?

如果你只是做了自然老师要你做的实验,完成了体育老师教给你的技巧,会唱音乐老师传唱的歌曲,而没有一项自己的兴趣爱好,没有为此付出大量的时间和精力,你能说自己毕业吗?

如果你读一年级时,看到老师会甜甜地喊,现在却常常忽视这一点;如果你走在校园里,看到纸片却视若未见;如果你坐着座位,看到老弱病残没有起立;如果你一直要爸爸妈妈给你庆祝生日,却不知道他们的生日;如果你从来没有在社区做过义工,如果你从来没有为远方的人伸出过援助的手……你能说,自己毕业了吗?

答案就在你的心里。

还有一个月,我们可以做很多,你能够做很多。只要你去做,就永远不会晚!

爱粮食爱节约

2006年
9月
25日

今天,我想给大家说两个故事:

一个是老师亲眼目睹的。上个星期六,一早,谈老师照例捧着作文本,去给文学社的同学上课。踏上楼梯,猛然间发现,楼梯上扔了半个面包,金色的面包被啃了一口,又被塞回塑料袋,然后被小主人随手扔在楼梯口。

是谁没有吃完点心到处乱扔呢?老师不知道。

老师知道的是,每当放学,随便去教室里走走看看,就能发现被丢弃的点心。老师还知道,中午就餐,我们中的一些同学总是要留饭菜,食堂里的叔叔阿姨们说,同学们每天的剩饭剩菜都能养几头大猪了。

说到这里,老师倒是想起了另一个真实的故事:

那故事就发生在老师曾经工作过的金苹果校园里。五年级的一个女生每次就餐，总是挑三拣四，这个不吃那个不要，等其他同学吃完了，她就跟着把大部分饭菜倒掉。这一天，新来的班主任老师发现了这事，她什么都没有说，走到那位同学的身边，一句话不说，就把孩子剩下的饭菜全部"消灭"了。那天，这位女生回到家里，生平第一次没有留饭菜。

故事讲完了，大家一定都知道老师要说什么：

对，爱惜粮食，不浪费每一颗！

说到爱惜粮食，我们就会想起那首著名的《锄禾》。请大家一起背诵一下：

锄禾日当午，

汗滴禾下土。

谁知盘中餐，

粒粒皆辛苦。

亲爱的孩子们，如果你留心观察，一定能发现，每一颗稻谷、每一粒麦子都像农民伯伯脸上滴落的汗珠。它们时时刻刻在提醒我们，爱惜每一份劳动成果。

愿我们都来争做节约的小当家！谢谢大家！

40

为什么这里的草先枯黄了

2006年
11月
14日

教学楼前有古老的唐经幢，唐经幢的四周是绿油油的草地。春天，这里的小草最先迎来春姑娘；夏天，又是这里的小草给我们送来阴凉；秋天，天冷了，小草枯黄了。"离离原上草，一岁一枯荣"说的就是小草。

小草的生命力是很强的。你看这两天，天气变冷了，但是这里的草还是绿绿的，遗憾的是，居然有一片小草已经枯黄了。再仔细一看，原来这片草地正好连着两条路。

为什么只有这里的小草先枯黄呢？这个问题留给大家，请大家去看一看，想一想，到底是谁伤害了它们？

差点撞倒了顾老师

铃声响了,谈老师从三楼下来,转过拐弯角时,一件突发的事情让我惊出一身冷汗。

已经退休的顾老师弯着腰,低着头,正往楼上走。一位同学正好拐弯,也许担心上课迟到,他从楼上冲下来,转弯时也没有放慢脚步。他一头撞在顾老师身上,顾老师下意识地作了避让,人往后晃了几下。还好,她的手撑住了墙,没有摔倒。

要是从楼梯上摔下去,那后果就不敢想了。

那个撞人的孩子红着脸,道歉后跑了。

我和顾老师打了个招呼,都摇着头说"好险"。顾老师刚刚退休,现在又接受学校邀请,回来辅导一位新老师,指导她上好课。如果因为这个孩子的"一个疏忽"而出点事情,那不是还要影响100来个孩子的学习吗?

因此,当你急于上课或解手,当你跟同学追逐嬉戏,都请你不要犯这个孩子的错误。好吗?

爱护你的耳朵

小学生明明是个音乐发烧友,他喜欢听歌,也喜欢唱歌,无论是流行歌曲还是古典音乐,都是她的最爱。去年夏天,妈妈为了奖励她取得了优异成绩,特意给她买了一个最新款的 MP3。MP3 轻巧、时尚,还有那超大的容量都让明明爱不释手。从此,明明与她的宝贝 MP3 形影不离,上课的路上听,吃饭的时候听,洗衣服的时候也听,甚至睡觉的时候还听。可是渐渐的,明明觉得 MP3 的声音越来越小了，她以为是环境太吵了，于是开始把音量调得更大，可是不管用；她又觉得是不是耳线出现了问题，于是换了新的耳线，可她的耳朵还时常会突然发出"嗡嗡"的鸣叫声，听力也随即迅速下降。到医院一查，才知道自己的听力出了问题，罪魁祸首正是心爱的 MP3。

医生说，MP3 的声音跟一架飞机起飞的声贝是完全一致的。听多了 MP3，耳朵受到的伤害最大。

同学们，耳朵是我们了解世界的重要工具。一旦听力出现障碍，那么，我们走向世界的一座桥梁便没有了。因此，我国把每年的 3 月 3 日定为爱耳日，呼吁人们爱护自己的耳朵，享受美好生活。因此，从现在开始，我们就要杜绝不良的听的习惯，要做到：

第一，切不可长时间听 MP3，最好每次小于一小时，一天少于两小时！

第二，要注意饮食卫生。每周可喝 2 至 3 次紫菜汤，如果在汤中再加个鸡蛋更好。保护耳朵还要多吃新鲜绿叶蔬菜和黑芝麻、核桃、花生等。

祝愿人人都有敏锐的耳朵！

42

学会学习　学会做事

2007年
3月
19日

最近，有两件事让谈老师很感动：

第一件事是星期六我要给文学社上课，五年级有两个班级的 20 多位学生要去中山街道社保中心拍照，缺了一半的学生，还怎么上课呢？怀着担心，踩着铃声，我踏进教室的门，啊，一大半学生都来了，他们告诉我，照片一定要拍的，但是文学社的课不能不上，不愿不上，不想不上，于是就跟爸爸妈妈商量、沟通、约定 9 点半上完课后再去。学习、拍照两不误，这是一群会做事的好孩子！我要谢谢他们！

第二件事是大家积极参与学校举办的"智慧学习"征文活动。有人从错误中、教训中汲取营养，有人总结了学科获奖的秘诀，有人回顾了 5 年的学习经历，给自己的学弟学妹提供好方法……这是一群会学习的孩子！200 多篇征文，200 多份学习好经验，200 多个学习金点子，对学校而言，是一笔巨大的财富；对其他孩子来说，就是一份难得的借鉴。目前学校正组织有关老师进行认真地评比，结果将很快公布。学校届时将精心挑选金点子，汇编成册，供大家学习，让大家借鉴。

亲爱的孩子们，如果把成长比作是我们一起建造一座巍巍大厦，那么，这座大厦有两根擎天巨柱，那就是——学会学习，学会做事。记住这两根人生支柱吧，请一起大声地说一遍！

几只小狮子的不同命运

2007年
9月
13日

有几只刚出生不久的小狮子，被猎人带回家中精心喂养。小狮子慢慢长大，无忧无虑，有吃有喝。当然，猎人给它们设计的笼子也温暖舒适。没有想到，一只小狮子从笼子里跑了出去。

后来，猎人外出再也没有回来，笼子里的小狮子活活被饿死了。那只当年跑出去的小狮子，独自在野外。饿了，自己找食吃；渴了，自己找水喝；有了伤，会用舌头舔伤口；遇到敌人，知道怎样保护自己。它顺利地活下来了。

逃出笼子后的那只小狮子之所以活下来，是因为长期的野外生活使它学会了觅食，学会了保护自己。而笼子里的小狮子因为长期生活在温暖舒适的环境中，缺乏寻找食物和保护自己的能力，因此死了。

这个故事说明：不能自立，永远不能成为大自然的一员。动物是这样，我们人类更是如此。

语文学习，就要自己的事情自己做，著名教育家陶行知说过：滴自己的汗，吃自己的饭，自己的事自己干，靠人靠天靠祖上，不算是好汉！

最后，老师推荐《中国儿童报》上路建老师的一首小诗《自己的事情自己做》：

学蜜蜂，勤劳动，

自己的事情自己做，

不会的事情学着做，

会做的事情经常做。

43

楼梯上的小脚丫

2007年
11月
19日

这几天,细心的同学一定发现了,在我们上上下下的楼梯口,出现了几只脚丫。

多么可爱的小脚丫! 多么鲜艳的小脚丫!

这个小脚丫仿佛在对每一个路过的同学说:上下楼梯靠右走,别抢别挤保安全啊!

老师观察,自从有了这几个小脚丫,很多孩子更文明了,以前跑的现在走了,以前蹦的现在慢了,以前不注意避让的现在主动让路了……

多好的小脚丫! 它让我们在自己的心里有了好的习惯!

44

一份特别的作业

2008年
4月
3日

老师在这里展示一份特别的作业。(用实物投影呈现)

这是昨天我们下发的读书单,请大家对三月份的读书情况进行一个回顾与小结。我们看到,这位同学在三月份读了三本书,分别是《骑着鱼儿飞行》、《西游记》和《女巫》。这三本书也得到了家长的确认。这份作业很普通,因为我们班55个人,大多数人都读了三本书。他是其中的一个。

老师为什么又说这份作业很特别呢? 请大家注意,这位同学对自己读书态度与质量的评价,他给自己打了最差的成绩:没好好读书,收获不大。这是我们班唯一一个这样打分的同学。

老师提出来,一要表扬他读了三本书,二要表扬他的勇敢与诚实。他的确读了这三本书,但是都没有好好看,因此,他真实地记录下了自己的读书收获:"我没有好好读书。"

这样的打分，一定会激励这个孩子，下个月一定要好好读书。

如果这个孩子给自己胡乱选个"读书认真，收获很大"的成绩，老师和大家都不会发现，但是大家一定清楚，他打上的不单单是一个错误的"√"，而是一份谎言。

有自己喜欢的运动

大家都喜欢体育课，喜欢在操场上东奔西跑。

这让我想起自己小时候，一下课，一放学，总是像一只小鸟，自由自在，嬉戏，追逐。那时候，没有钱，买不起羽毛拍、乒乓板，就买一个乒乓球，在水泥台上，随便找一块木板什么的，拼个伙伴就打起来了，照样打得很开心。

现在呢，当然大不一样了。比如谈笑，太喜欢轮滑了，一双轮滑鞋好贵。

你呢，有自己喜欢的运动吗？如果没有，请你一定要找到一样最喜欢的运动，羽毛球、乒乓球，还是篮球、足球等。

为什么？运动好，运动能强壮肌肉，灵活关节，改善肺功能，促进新陈代谢，增加肺活量。运动还能使人精神旺盛，心情舒畅，有益于身心健康。

"生命在于运动"，运动才能更快乐！

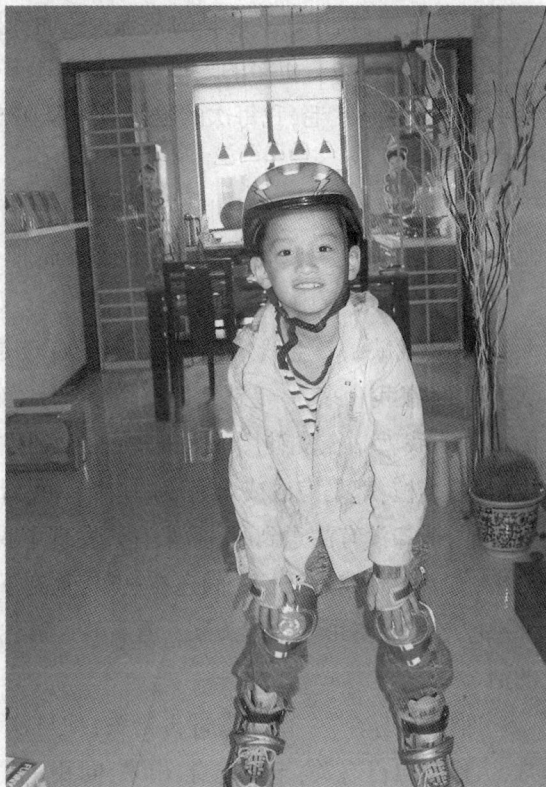

分享老师读书的故事

2008年
9月
21日

小时候,我在江南的一个闭塞的小镇读小学,见不到汽车,自行车也是稀罕物。

但是,小镇虽小,却五脏俱全,有邮局,邮局能发电报,也卖报刊,不多,多是过期的杂志。小小的我,除了学习、家务、玩耍外,印象最深的就是来这里,张望里面挂着的一本本杂志,我只记得《作文》《小学生作文》等杂志了。父母有时给我一点零花钱,我开始买这里的杂志——而原因是当时的语文老师表扬了我的一篇习作。我梦想着更多的表扬,于是便迷上了这里的作文选,每本大概在几毛钱吧。即使是几毛,我每次的零花钱大概在5分或者一毛,也需积蓄一段时间才够。

邮局的对面是皮鞋厂,我的堂哥就在里面做皮鞋,他所在的车间正好对着邮局,而且有一块大玻璃橱窗可以看到邮局。

有一次,我看中了一本新来的作文选,对新杂志,我总是怀着"买"的念头。可是,我缺了一毛钱。怎么办,我想买,于是想到了堂哥,想跟他借(要)一毛钱。但是,在我看来,一毛钱不是一个小数字,而且,我从来不是一个跟别人要钱的孩子。我就站在皮鞋厂的大玻璃前,看到里面的工人在埋头工作,满地都是皮,都是鞋楦,都是完成或未完成的皮鞋。我看到了堂哥。他也埋头做活。我注意着他,他却没有注意到我。后来有人发现了我,便朝我笑笑,就继续低头做。再后来,有人发现我这么长时间还在这里,觉到了什么,就提醒我的堂哥。这时,我那憨厚老实的堂哥才抬起头来,看看我,算给我打了招呼。之后,他依然做他的活。

时间流逝着,一直到堂哥再抬头,他再次看到了我,终于觉得我行动的异常,大概与自己有关,于是起身,出来,问我。我始终不答,最后不知怎么,他给了一毛钱。就这样,我买回了那份新作文杂志。

升入中学时,我整理自己的藏书,发现自己居然有了百来本的作文选。我也许是那个小镇最富有的小学毕业生——当然仅限于作文选。

我讲的过程中，你们笑成了一片，你们一定在为我的含蓄与害羞乐个不停。我却希望有更多的孩子听懂：再穷，也不要忘记买书。

老师曾经痴迷书法

让我们来欣赏一下书法家的作品。

这是名家王羲之、颜真卿的作品。

书法作品，主要包括了楷书、行书、篆书、隶书、草书等，具体到作品，又有中堂、条幅等形式。

也许你会问我，老师，你这些知识都是从哪里学的？

告诉你，这是老师在师范学校里自学的。20年前，我进了师范学校，不知怎的，爱上了练字，几乎每天都写，连放假在家都不放弃。记得那时候我的父亲是村里的民兵营长，每年征兵时，他都要拿着我写的大字去到处张贴，那是些宣传条幅，写的是"一人参军，全家光荣"之类的话。这也增加了我练字的兴趣与成就感。

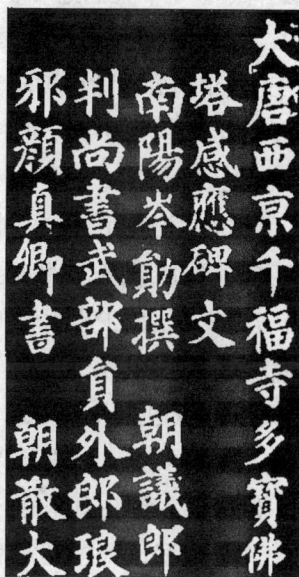

读师范学校三年，我印象深的是经常到苏州的古吴轩、古旧书店与苏州书城，去购买笔墨纸砚、各类字帖。从我就读的学校到苏州，有 36 里路，有时我乘公交车，有时我一个人骑车。一路上车子真多，害怕归害怕，每次满载而归，心里充满了阳光。

可惜，也许是我悟性不够，也许我没有遇到适合自己的老师，总之，练了三年字，字还是马马虎虎。但是这段经历仍然使我受益不浅。最近，同学们在练毛笔字，我指导起来还能做到心中有底。

这一周周末将举行上海市小学生写字等级考试，希望大家都能通过考试，更希望大家把这次考试当作提高自己书艺的起点，将来我们班人人是书法爱好者。

童年的作文书

2008年
12月
16日

最近我班的陈宣文、丁文杰两位同学从书店里购买了新出的《怎样写好五年级作文》一书。他们把书带到了学校，骄傲地告诉同学，这书谈老师也参与了编写。

是的，谈老师是这本书的编委。不过，有一个消息更值得你们自豪，那就是我们班级牟佳馨和陆许婧同学写的作文入选了这本书。当时，她们还是四年级学生，四年级学生的习作现在成了五年级学生的范文，不是很了不起的一件事吗？

说到作文选，老师想起了自己童年时读过的书。

那时候，我生活在一个水乡小镇，交通不便，镇上有一家邮局，里面卖一些杂志，每次放学路过，我都要看上几眼。五年级时，因为老师表扬了我写的作文，于是，我开始用少得可怜的零花钱去买杂志。所谓杂志，就是《作文》、《作文通讯》等。有时候，手上的钱不够买新来的杂志，只好每天眼巴巴地看着，一直到爸爸或妈妈给我几个硬币或一张毛票。于是，我飞奔着，到邮局……

就这样，作文选成了我童年时的主要课外读物。初一的全乡作文竞赛，我拿了唯一的一等奖，真是好开心。从此，我跟语文、跟写作交上了朋友。

后来，我读到鲁迅先生的文章，才知道只读一个人的书或者只读一类书，是不大好的。必须采很多的花才能酿出甜美的蜜来。人，读书也是这样。

不过，跟后来读的一些书相比，我牢记的还是那些薄薄的作文杂志。

跟你说说我的早晨

2009年
2月
12日

这是你们小学生活的最后一个学期，这是最适宜读书修身的春天的早晨。我们该怎样度过呢？我倒是想起了自己做学生时的一些往事。

小学与初中，并无早自修。到了师范学校，每天早晨是绕操场跑四圈，800米。冬天时，天还是黑的，整个跑道回响着有节奏的隆隆的跑步声，我只能看到前面几个同学的身影。夏天自然是一身汗，洗一把脸后就到教室里读书。那是不需要老师的。

到了大专，老师换了一所学校，校园更大更美，有高低错落的花坛，有幽静清雅的画廊，有潺潺流淌的小河，有荷叶圆圆的池塘，相同的是每天也要跑步，跑步后，依然没有老师——老师应该都在上班的路上。多数同学回教室自觉读书、学习，我呢，迷上了背古文与古诗词。平日读到喜欢的语言，都摘抄到一个小本子上，这时候，徜徉于绿树红花、小桥流水间，朗朗读书。这些东西，并没有哪位老师教过我，或者要求过我——我完全是自觉自愿自需的。后来，我发现自己写作文变了，语言往往从心底自己流出来。这在以前是没有的，我想，这大概是早上经常背诵的功劳吧。

一转眼，老师快步入中年了。你们呢，要做中学生了，一日之计在于晨，早晨不同于中午、傍晚，早晨是读书、学习的好时间，别辜负了我的期待哦！

49

大家说"顽皮"

2009年
3月
11日

听了10个孩子对顽皮的看法，老师真是高兴，为什么呢？

第一，大家都有自己的思考，说出了自己的看法。说"顽皮"好的，沈心宇认为这是孩子的天性，是我们成长的一部分；周翌宸则联系自己小时候跟爷爷之间的一件小事，讲述了"顽皮"带给一家人"欢声笑语"。说"顽皮"不好的，沈鑫杰用血的现实来证明，陆梦杰说自己"就是个顽皮蛋"，从自己的教训来看"很多时候不该顽皮"……

第二，我们在学习着倾听与分享。50个同学，就是50个脑袋，藏着50个不同的想法。学会了倾听与分享，我们就变得更加聪明了。听10个孩子的辩论，我们的认识更全面了，也更深刻了。多好的事情！

"顽皮没有错"，这也是老师的想法。正像牟佳馨说的那样，哪个孩子不顽皮呢，哪个成人敢说自己没有顽皮过呢？顽皮属于孩子。我更赞赏施文倩同学的观点,顽皮是好奇心的萌芽,往积极的方向发展,顽皮就成了创新精神的导火索。但是,不分地点、不分时间、不计后果的"顽皮",就是"冒险"了,谢鑫同学的交流就是这样,顽皮差点让针戳进妈妈的眼睛。

一交流,大家对"顽皮"的认识就更完整了。

迎接人生的第一次大考

2009年
6月
11日

几天后的毕业考试,是我们人生中的一次大考。凡事豫为先,这里的"豫"是预备的意思。学习新课文要预习,大考前也要做好充分的准备。

第一是准备好东西。准备好准考证和相应的文具。数学需要准备圆规等特殊文具,这些东西务必准备好,因为在这样的考试中,是不允许向别人借东西的。二是来点提神的东西。一天的考试,前后 200 多分钟,大脑耗费较多,最好考试之前来点儿提神的东西,让自己在考试期间始终处于高效率状态下。三是进考场之前,一定要去一趟卫生间。这是你进入考场前的最后一个地方。

第二是做好心理准备。一是要有一颗平常心。平常心是指正常发挥自己的水平,如果你遇到难题,一定要这样想:分数的高低,不是决定于我们会做的题目上,最终看谁能够少丢分,甚至不丢分。第二,不要怕出错。毕业考试出错,是一个很令人头疼的事。但你就把这样的一次考试当作一次心理的磨炼、素质的提升;即使出错,这样的大考可能改变你,从此记取这样的错误,从中汲取教训。一旦你不怕出错,你会发现你的正确率反而会更高。三是千万不要作弊,连想都不要想。

第三是做好技术准备。考试是需要技术的:一是充分利用考前五分钟。考前五分钟是发卷时间,这五分钟是不准做题的,但是这五分钟可以看题。二是进入考试阶段先要审题。审题一定要仔细,一定要慢。你一旦把题意弄明白了,这个题目也就会做了。三是一定要培养自己一次就做对的习惯。不要指望腾出时间来检查。越是重要的考试,往往越没有时间回来检查,因为题目越往后越难,可能你陷在那些难题里面出不来,抬起头来的时候已经开始收卷了。四是要由易到难。五是控制速度。你平常用什么样的速度做题,考试的时候就用什么样的速度。六是简单题得满分,中档题多得分,难题能得分。七是防止慌场。所谓慌场,就是考试的时候,本来以为这个题对自己来讲难度不大,结果一看题目,当头一棒,怎么也找不着感觉。就算你真遇到这样的事情,你先闭目沉思,然后深呼吸,控制自己的情绪,心里就这么想:反正这一场考试已经这样了,我也别着急了,能做出一个是一个,也许我先把最简单的题目做出来,心态就平和了,头脑就冷静了,再回过头来看刚才这些题目,就找到思路了。八是考完以后千万别急着离开考场。考完试之后一定要检查一下。毕业考试在即,真诚的祝愿你能取得理想的成绩!

良好学风的引导

上课不敢回答问题怎么办

2003年
12月
2日

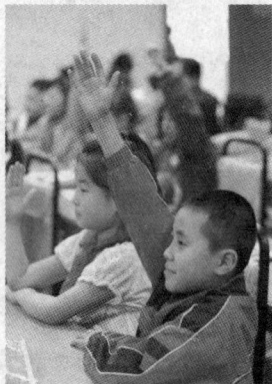

一个孩子找到我说：老师，我上课不敢回答问题，站起来头脑一片空白，不知说什么才好。

我给他出了几招——

第一招，克服害羞的心理。有些同学由于害羞，当众讲话紧张，这是正常的。要鼓起勇气，不要过多地去想你说得对不对，老师、同学怎么看你。敢于回答老师的提问，就是走出了成功的第一步。

第二招，打有准备之仗。课前要预习，课上要认真听讲，主动参与讨论。有了准备，再加上积极思考，老师的提问就能回答了。

第三招，不怕失败。回答老师的提问，错了，也没关系。因为你在动脑筋，说错了大家都不会介意。回答错了和会回答却不举手这两种情况，老师更喜欢前者。

第四招，相信自己。自信心对一个人是不可缺少的，请你告诉自己："我能行，我最棒！"

第五招，多开口。在同学、熟人面前多开口，讲一些熟悉的事物，也可以朗诵诗歌、散文等，以提高自己的口才。

愿每位同学都能响亮地说话，大方地发言。

王周斌的奖状

2004年
3月
31日

在王周斌的铅笔盒里，谈老师发现了一张小小的奖状。（展示）

这真是一张美丽精致的小奖状：一只可爱的小猫微笑着，手里捧着一颗金星。奖状的左上角还有一个小小的"奖"字。

王周斌告诉我,这是英语老师奖给他的,因为他上课认真听讲,还发了好几次言呢!啊,王周斌进步了!

虽然这只是一张薄薄的纸片,但是王周斌爱不释手,他非常珍惜这个荣誉,把奖状藏得好好的。相信有了这份心思,王周斌会取得更大的进步。

哪位小朋友在课堂上得到了奖状,不要忘记把好消息告诉我噢!

一个热爱读书的人

2004年
4月
12日

前天,谈老师到苏州书城购书。我正要上二楼,迎面走来了李玮蓉,妈妈正牵着她的手下楼。原来,李玮蓉来购买关于谚语的书呢!这真是一个热爱读书的孩子!

读书的作用可大啦!书中有精彩的故事,有美丽的风景,有伟大的人物;读书能帮助我们识字,能发展我们的理解能力,能提高我们的作文水平。所以,书籍是我们进步的阶梯。一位伟人讲过,我热爱读书,就像饥饿的人扑到面包上一样。

上学期开始,我们一起参与了"我爱语文"行动,跟书交上了朋友。这个学期,谈老师提供了必读书目,很多小朋友已经购买了《新语文读本》、《中外神话传说》等好书,每天都在兴趣盎然地阅读呢!只要你读完三本,你将成为读书小学士;读完 5 本,你就会成为读书小硕士;而你读完全部的必读书目,那你就可以成为读书小博士了!

愿你也热爱读书!

为男孩子争气

2004年
5月
18日

最近我读到了小学生汪洋的一首诗,题目叫《为男孩子争气》,今天特别推荐给我们班的男生:

为什么老师总那么爱女同学,
气得我们一个个鼓起小肚皮。
哼!准是她们会拉关系。
再不,老师也是女的。

可是报纸上登的好作文,
却常常是她们的;
考试分数,节目比赛也是第一。
而我们这帮"少林小子",
却整天打、闹、淘气,
管不住自己。
老师怎么看得起?!

我赶快写了十封鸡毛信:
给我们"十大元帅"发去:
上面写着:
"我们不能再淘气,
要向女生看齐,
还要跑到她们前边去,
为男孩子争口气!"

听了这首男生写的小诗,我们班的男生会想些什么呢?聪明的孩子,我不说,你也一定明白谈老师为什么给男生读这首诗。

56

推荐《上下五千年》

今天，老师给你们讲一个故事：

公元前354年，魏惠王派庞涓进攻赵国，围了赵国的国都邯郸。赵国向齐威王求救。齐威王想封孙膑为大将，孙膑推辞说："不行。我是个受过刑的残废人，当了大将，会给人笑话。大王还是请拜田大夫为大将吧。"

齐威王就任命田忌为大将，孙膑为军师，发兵去救赵国。孙膑坐在一辆有篷帐的车子里，帮助田忌出主意。

孙膑对田忌说："现在魏国把精锐的兵力都拿去攻赵国，国内大多是些老弱残兵，十分空虚。咱们不如去攻魏国大梁。庞涓听到了，一定要放弃邯郸往回跑。我们在半道上等着，迎头痛击他一顿，准能把他打败。"

田忌就按照这个计策去做。庞涓的军队已经攻下邯郸，忽然听说齐国打大梁去了，立刻吩咐退兵。刚退到桂陵，正碰上齐国兵马。两下里一开仗，庞涓大败。

齐国大军得胜而归，邯郸之围也解除了。

这个故事就是著名的"围魏救赵"。

今天，谈老师向大家推荐《上下五千年》。《上下五千年》里记载了许多有趣的历史故事，"围魏救赵"就是其中的一个。

大作家高尔基说过："书籍是人类进步的阶梯。"读一本好书，就是向一位老师请教，就是跟一位好朋友谈心。《上下五千年》就是这样的一位好老师，就是这样的一位好朋友。

这是你们的舞台

2004年
10月
27日

请大家看黑板，这是刘禹锡写的《秋词》，由陶奇超、曹梦舟两位同学推荐。美好的诗句，漂亮的字迹，你们知道是谁抄写的？

对，这是我班蔡锃同学的书法。老师称之为书法，是因为每一个字都很耐看，整个版面很有章法。谢谢蔡锃同学给我们提供了这么好的学习机会。

这个学期，我们每周都要挑选一个小朋友，把同学们推荐的古诗、歌词等抄到黑板上，供大家读一读、记一记。

只要你的字漂亮，你就可以在黑板上留下你的书法；只要你的作文漂亮，我们就朗读你的作文，把你的作文粘贴出来，向少儿报刊投稿；只要你思考，只要举手，课堂就是你的舞台。

如果把教室，把课堂比成舞台，那么，你们就是主角。

老师呢？不过是一个帮助你们排练、与你们一起布景，并且为你们鼓掌的人。

"写得短没有关系"

2004年
11月
11日

前天傍晚，谈老师在值日护导，很多小朋友在排队等校车。看时间还早，我就跟我们班的一位女生聊了起来。我问起她这一周的双休日随笔怎么才写了几行。她告诉我："说'写得短没有关系'的。"

哦，原来是这样！我要谢谢这位同学，是她让我知道了少数同学对待双休日随笔的态度。

写得短没有关系吗？

大家在婴儿时期学习说话，一个"妈妈"都是听了成千上万次才会说的。作文也是这样，必须多写，没有一定的量是写不好作文的。请大家算一算，我们教材中一共 6 次作文，每篇三四百来字，一学期也就 2000 来字，这样，从三年级到毕业，你大概只能写上 10000 多字。这样的写作量，能写好作文除非太阳从西边出来！

因此，学校在开展"大语文教育"活动的过程中帮助我们设计了双休日随笔作业，目的就是引导大家多动笔。

因此，"写得短"不是没有关系，而是对学习不负责任的表现。

希望每个同学都对自己说：写得多，我可以！

【补记：演讲时，学生都在问是谁说的，老师制止了。第二天，那位跟老师谈过话的孩子重新交来了一篇长长的习作。】

想象是美丽的

2004年
11月
18日

大家都喜欢看童话，读童话。白雪公主、海的女儿、黑猫警长……都是我们难以忘记的童话形象。

童话充满了想象，孩子是想象的王子，所以童话就成了我们的好朋友。展开想象的翅膀，我们就进入了一个神奇的世界，将会收获无数惊喜。

前几天，我们写了一篇半命题作文，题目是《假如我是……》。你们的想法真是丰富多彩，有的想做自由飘荡的白云，有的想成为善良的风，有的要做一棵树，有的要当一朵花，总之，就像一位同学在作文中写的那样：如果我能变成什么，那该多好哇！我可以把许多不可能的事变为可能！

想象是美丽的。它让我们陶醉。

想象也是可爱的。多年前，人类看到小鸟在天空飞翔，就想长一双翅膀。现在，我们乘着飞机，比小鸟飞得

还快呢！所以，想象可以改变世界，她能让世界更美丽。

爱因斯坦说过：想象力比一切知识都重要。

愿想象永远伴随着你们！

我们也有"合同"了

2005年
2月
23日

合同，你一定不陌生，现在是市场经济，无论做生意还是找工作，都需要签合同。合同，具有法律效应，谁要是不守合同，就得负法律责任，承担毁约带来的损失。

这个学期，我们试行"我学习我承诺"协议。协议书包括定协议的目的，以书面形式规定老师和学生双方的相互义务，你要承诺在执行或未能执行合同要求的具体行为时，应得的奖励或惩罚。行为合同有效时间可长可短，由你与老师一起商量决定。

老师和你签这份"合同"，帮助你有错必改，改过自新。这份"合同"，应该成为我们的桥梁，成为我们的朋友。这份"合同"，如果你要求，老师可以保密。

有了"合同"，我们就按"合同"办事，这就是"说话要算话"的道理！

给自己补课

2005年
5月
20日

最近我们举行了第三单元测试，卷子有一定难度。朱雨茜、赵路欢两位同学主动找到我，对我说："老师，我们退步了，想做'课课练'，您给我们批一批吧！"

我高兴地答应了。

每个人都有自己的缺点与不足，小到一门学科的学习，也不会一帆风顺，有的时候会遇到障碍，出现问题。此时此刻，我们要主动给自己"治病"，弥补短处，改正缺点。朱雨茜等同学就是我们学习的榜样。之后，又有 2 位同学自觉地加入了做课课练的行列。他们都是学习的主人，懂得如何学习，如何给自己加油。

老师这样说，并不是要每个孩子都来做"课课练"。每个人都是一个世界，因此语文学习也不尽相同。如果你作文一般，你可以多读书多写日记；如果你写字速度慢，书写不够美观，那么，你可以利用课余时间练字。等等。

总之，你要根据自己的情况，学会给自己补课。

学习是一次创新

2005年
9月
2日

昨天我们查了一回字典，为学习新课做准备。7 个词语，51 个孩子都直接摘录了解释，有三个孩子却用新的词语写了话。我们来听听她们用"喜悦""泥泞"等词写的句子。

开学了，我怀着喜悦的心情来到学校。（刘洁）

一听到要去苏州游玩的消息，我无比喜悦。（钱小薇）

早晨，公园里的小鸟发出清脆的叫声。（钱小薇）

每次去外婆家，总会经过一条泥泞的小路。（徐婧怡）

我们是学生，学习是我们的天职。学习知识的最高境界是运用。刘洁等三位同学学得主动，学得深入，学得有用，这样的学习就是一次创新。

让我们向这三位同学学习！在学习中创新，在创新中学习，学会学习，学会创新！

61

到讲台上来演讲

2005年
9月
13日

上个星期，我们每人都拿到了《大语文学习》第 2 期，里面刊登了谈老师过去一年的全部演讲。宋佳欣同学在日记里这样写:9月10日是教师节,最让我高兴的是:我们班一年的故事全校都知道了。谈老师把这本书当成是校长送给他的节日礼物。……

看得出来,宋佳欣同学为谈老师的演讲自豪! 演讲不是我一个人的事情,你们才是演讲的主角,因为你们的欢笑和眼泪,因为你们的心情和进步,才有了老师一次次的谈话。我要谢谢你们!

谈老师说了一年,今年还要说,但是我想,有的时候请大家也来说说,说说你的学习和生活,说说你的故事与心情,说说家事国事天下事,说说思想奇想梦想……

今天之前,已经有4位同学上台发表演讲了。他们分别是:黄鹏、彭小雪、徐靖怡和李蕾。这几位同学都很勇敢,他们都得到了你们热烈的掌声。他们都有了成功的第一次,祝贺他们!

今后会有更多的孩子上台演讲。老师答应你们,一定在毕业前给大家一份礼物:我们一起用心做的演讲。

现在有请沈诗慧上台演讲,大家掌声欢迎!

62

金家兴和祁蕾都是好样的

2005年
10月
28日

最近,谈老师特别想介绍两位同学的习作。他们是金家兴和祁蕾。金家兴同学依然关注着他的小乌龟,它快冬眠了。金家兴同学的作文好像是一部连续剧。读来太有意思了。

祁蕾同学也对自己家边上的一块菜地产生了浓厚的兴趣。她天天去看一看,摸一摸,也用日记的形式记录着自己的发现和感受。

现在有请祁蕾同学上台朗读自己的习作。(习作略)

金家兴和祁蕾都是好样的。我们要向他们学习,学习他们勤于观察、连续观察的好习惯。有了这样的投入,做什么事都会成功!

一条短消息

2005年
11月
22日

星期天,谈老师收到一条短消息:

谈老师:你好! 我是叶梦玲,告诉我一下学校的网址,好吗?

哦,明白了,叶梦玲同学要去"参观"我们网上的"家"呢。果然,谈老师一上网,就读到了叶梦玲同学的作文。我还特意下载了,制成 word 文档,起了个名字:叶梦玲作文。

你瞧,大人用手机来联络,来沟通感情,而叶梦玲同学学会了用现代通讯工具来学习。她碰到了问题,尝试着自己解决,最后成功了。多会学习呀!

昨天,我们去社会实践

2005年
11月
30日

昨天,我们到共青森林公园参加社会实践活动。大家好开心!

这次活动的内容很丰富,我们玩了碰碰车、森林小火车、勇敢者之路、阿拉伯飞毯等游乐项目,还参加了定向寻宝活动。大家都说,这次活动好,我们不但快乐多多,还收获多多,团队精神提高了,心理素质发展了。

活动中,我注意到了一个细节,袁堃同学带着一台摄像机,走到哪儿就拍到哪儿。他是我们这一次活动收获最多的一个人。可是,在乘小火车时,谈老师问他,这次"旅行"叫什么名字,特色是什么?袁堃同学答不上来了。我相信,多数孩子都答不上来。

我提醒他,入口处就挂着一块标志,上面有两段话,把这个游艺项目的名称和特色给介绍得一清二楚了。袁堃同学很好学,马上去补拍了。

教室是小课堂,社会是大课堂;我们要记住,无论何时,只要用心,处处能增加学问。

种一棵知识树

2005年
12月
16日

到处是绿色的树,有香樟,有梧桐,有银杏,数不清的树儿,绿色的画卷,愉悦我们的眼睛。

有一棵树,我们看不见,却人人有;它没有粗壮的树干,也没有茂盛的枝叶,但是它从来没有离开过我们。

这棵树就种在我们的头脑里,老师给它一个名字:知识树。

这棵树,长满了知识的枝丫。有一根枝丫长满汉字,有一根枝丫满是词汇……一根上面写着"概括"二字,概括节意、归纳段意、抓住主要内容,从三年级到五年级,我们读了多少课文,做了多少练习。我们慢慢发现,如何概括,这里有方法,方法是相通的。

经常回过头去看看自己学了什么,掌握了什么,然后在自己的知识树上添一根枝丫,或者加一张叶片,这样,你的这棵大树就会越来越繁茂,你也会越来越聪明!

学点记忆方法

2006年
2月
28日

大哲学家培根说:"一切知识,都不过是记忆"。

根据艾宾浩斯遗忘曲线(教师板画一下),我们会发现,学得的知识在一天后,如不抓紧复习,就只剩下原来的25%。随着时间的推移,遗忘的速度减慢,遗忘的数量也就减少。有人做过一个实验,两组学生学习一段课文,甲组在学习后不久进行一次复习,乙组不予复习,一天后甲组保持98%,乙组保持56%;一周后甲组保持 83%，乙组保持 33%。乙组的遗忘平均值比甲组高。所以我们要及时地加以复习。

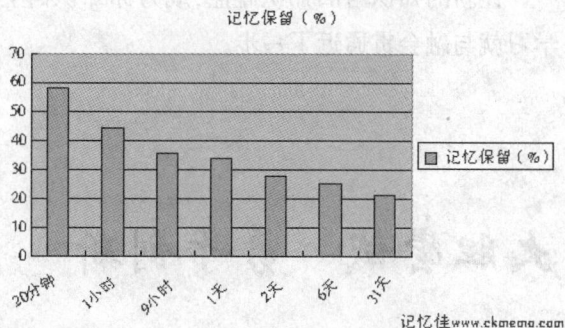

记忆保留（%）

记忆佳www.ckmemo.com

这里给大家说说丰子恺的故事。丰子恺是我国著名的画家和作家。他对学习外语有着特殊的爱好，学英语一年就可以看英文的长篇小说，并从事翻译工作。其诀窍正是针对遗忘规律的"二十三遍读课文法"。每篇外语课文他都要读二十三遍，分五次进行：第一天读第一课 10 遍；第二天读第二课 10 遍，温习第一课 5 遍；第三天读第三课 10 遍，温习第一、二课 5 遍；第四天读第四课 10 遍，温习第二、三课各 5 遍，第一课 2 遍……这样，每篇课文分四次读完 22 遍，过半个月再读 1 遍。丰子恺学习英语的方法遵循了心理学、教育学中记忆的规律。第一天 10 遍，第二、三天各 5 遍，遗忘速度最快时，也是他读书遍数最多的时候。第四天 2 遍，半个月后再复习一次，完全可以抑制遗忘，把所学材料变成长期信息贮存在脑子里。这种记忆方法，要比在一天中把一篇课文读二十三遍的效果好得多。

愿大家在语文学习中都来注意记忆方法，都来提高学习效果。

65

学习需融会贯通

2006年
3月
9日

我们买回新的玩具或者装饰品，总喜欢把它跟其他玩具等分门别类放在一块儿。

学习也是这样，学习新的知识，我们不能就事论事，要把它跟旧知识等放在一块儿，做个比较，归类后放在自己的知识树上去。

我们前不久学写作文《大家都夸他》。写人的作文，我们以前练得很多，但都是写一人一事或数事。学了这篇习作，我们可以掌握新的写法，那就是由几个人来讲述一个人的事情。

让新的知识与旧知识碰撞，成为你知识树上的一根枝丫、一张叶片，这样的学习就与融会贯通近了一步。

大胆尝试　勇于创新

2006年
3月
17日

请大家听两段我班同学写的俳句：

宇宙是个家/许多星球在一起/日子过得好（《宇宙一家》作者：祁蕾）

家是个港湾/孤独时伴你左右/永不觉难过（《我的家》作者：张珏懿）

俳句，流行于日本，三个短句，字数分别是5、7、5，大家一听多难哪，可是我们尝试了，祁蕾等同学还写得不错。

童谣，大家不陌生，比如大家耳熟能详的"摇啊摇，摇到外婆桥/外婆桥旁有棵小樱桃/……"就是。昨天回家，我们又试着每人写童谣；今天一早，老师一读，真高兴，这里介绍两位同学写的童谣：

我家门前有片土，/土上长着苹果树。/秋天树上结苹果，/送给妈妈作礼物。（《苹果树》作者：金家兴）

含羞草，真美丽，/我来轻轻碰碰你，/你就快把叶儿收；/我呀真的很像你，/一个害羞的小孩子。（《含羞草》作者：沈诗慧）

世界上的许多事物，都是从无到有的。这一切，需要人们勇敢地尝试。你们，就是在不断地尝试，不断地创造。

多给自己"储蓄"好习惯

2006年
9月
11日

今天，老师要表扬一些同学，有的是《我的一位好老师》写得出色，有的是《假如我有一支神奇的笔》想象丰富。（表扬名单略）

你们看，有几位同学被两次表扬了。他们都有良好的学习习惯，每次作业都一丝不苟，力求最好。

好的习惯，帮助你取得好成绩，也帮助你学会做事，学会做人。

有人说，养成一个好习惯，就好比是在银行里存一大笔钱，一辈子都有用。

也有人说，习惯不行，就好比向银行贷了一笔款子，"背着债务"，压力很大。

说到这里，你一定会说：我要给自己多"储蓄好习惯"喽。那么，老师真是为你高兴，我要祝福你，祝福你早日成为拥有很多好习惯的"大富翁"。

做课堂的主人

2006年
9月
14日

这是一个真实的故事：

在国外的一个课堂上。一名学生对老师讲授的内容提出质疑。学生问，教授答；学生再问，教授再答；学生又问，教授又答；学生还要问，教授答不上了……啊，学生问倒了老师，教室里出现了片刻的沉寂。这时，教授并没有面红耳赤，而是满面春风，他提高嗓门，热情洋溢地提议："请全体同学起立，大家一起为这位同学鼓掌！"掌声响起来了，是那样的热烈，是那样的响亮。

同学们，说了这个故事，希望大家做课堂的主人，认真听讲、读书、发言，也敢于提问题。

如果你们能问倒老师，我一定也给你们这样的掌声，同时，送给你一份礼物。

校长为什么要舔猪

2006年
10月
24日

美国有一个电视节目主持人，叫巴克利，他在 2002 年因为看不起初来乍到的姚明，断言说，姚明是美国人看花了眼。言下之意，姚明没什么本事。结果，姚明用不到一年的时间,就用实际行动证明他说错了。于是,这个主持人只能说到做到,亲吻了一只驴子。

现在又有一位美国的校长舔猪了?这是怎么回事?

美国有所桥沱滨小学,为了激励学生们多多阅读,校长唐拉尔德·沃森此前打下一赌,说他的 410 名学生如能在一年之内读完 2003 本书,他就去舔猪。2003 年 3 月,在全国教育协会组织的"全美读书日"上,沃森心甘情愿地兑现了他的赌注。接受校长一吻的是大腹便便的肥猪"戴茜",8 岁的它当时是乘着精心装饰过的小车登上舞台的。

猪,好臭哦,可是只要学生读书了,校长就愿意去亲吻小猪。我想,每个小学生知道了,都会不辜负这位校长的期望。

想"退休"的五年级学生

2006年
11月
7日

68

退休,那是爷爷奶奶的事情。他们工作了一辈子,从岗位上退下来,好好地休息,享受人生。

一名五年级小学生最大的愿望,竟是跟爷爷奶奶一样能够退休。怎么回事呢?理由很简单,因为他感到学习的压力,特别是考试压力太大了,超过了自己的承受能力。

其实,我们也有压力,读三年级了,学习任务也比二年级重了。有些孩子由于习惯不好,或者基础不扎实,也明显感到了压力。尤其是考试之前,特别紧张。怎么办呢?

老师在这里推荐一个同学的方法,他说:当我注意力不能集中的时候,我就嚼口香糖或者按摩自己的头部。课间休息时间,经常站起来走动或者趴在桌子上休息一会儿。

当你在学习时感到疲劳或压力时,你也不妨试试。

寒假做好五件事

快乐的寒假已经开始了,老师给你四个建议——

新年时给长辈每人一份礼物。别忘了爷爷奶奶、外公外婆。可以自己动手做礼物,可以用压岁钱买一点小礼物,可以打电话、陪聊天等。这份礼物要能表达你真诚的心,要能给长辈一份新年的快乐。

学做饭菜。请爸爸妈妈支持,在他们的关注下,阅读有关厨房书籍,看家长怎么烧饭做菜,懂得菜刀和火的危险性。在安全范围内,从买菜、洗菜到烹饪、洗刷,自己做主,自己动手,为家人做一顿饭菜。

练字。可以自己选择一本字帖练毛笔字;也可以拜一位老师学书法。

读几本好书。"好读书不好读书,不好读书好读书",这是一副对联。说的是能够读书的青少年时代不好好读书,到了不大好读书的老年时期却喜欢读书——这是多么难过的一件事。现在是我们读书的大好时光,老师向大家推荐四本好书:《假话国历险记》、《地板下的小人》、《快乐的闯祸少年》、《精灵鼠小弟》。

写5篇作文。分别是:《我喜欢的一本好书》、《给长辈送新年礼物》、《今天我做厨师》、《我发现的冬天》、《最想告诉老师的一件事》。

做好这五件事,你的这个寒假就完美了。

一个关于读书的故事

20多年前,一位小学生在老师的引导下爱上了读书,他写了一篇作文,题目是《我和读书交朋友》。一眨眼,这孩子成了大学生,又到美国读博士,成了建筑学专家，他成了中美文化交流的大使。每一年，他都要在上海与美国之间飞来飞去，把美国建筑的精华介绍到中国，又把中国古典园林的经验引入到美国。总之，他特别会搜集有关信息。他为社会服务的同时自己也获得了幸福的生活，他在半山腰买了别墅，家里夫妻二人三辆车，一辆上班，一辆旅游，一辆买菜。

贾志敏老师

儿时读书摘录的追求，改变了他的人生。

这是一个真实的故事。故事里的学生就是贾志敏老师教的。现在，这个学生经常打电话问候贾老师，过年了，也总要让自己的妈妈来看望贾老师。

70

自己解决问题

2007年
5月
9日

语文课上，我们碰到了一些问题，比如"蜉蝣、龙血树、铀"我们不认识。怎么办呢？大家没带字典，不能请教无言的老师；第二，老师知道答案却不能告诉你们；在这种情况下，大家接受了老师的建议，自己从课文中寻找答案。

大家的表现让老师惊讶，更让老师高兴。比如对"蜉蝣"，大家找到了好几个答案：有的说蜉蝣一生生活不过一天，有的发现蜉蝣在池塘上空快乐地飞翔……然后，我们综合起来，就发现了蜉蝣是一种生活在水边的小动物，它生命很短，一般只有一天。

在此基础上，我打开《现代汉语词典》，出示了"蜉蝣"这一词条的意思：昆虫，成虫有翅两对，常在水面飞行，寿命很短，只有几小时至一星期左右。种类很多。

看来，我们自己的发现还真不赖。

因此，有了问题，我们有时不必急着查工具书，请教师长，不妨带着问题去读读课文，或许，你自己就能解决问题了。

"生锈的车锁"

老师家有两辆自行车,其中一辆在过年的时候丢了电瓶,就一直停在小区的楼梯口。

风来了,把这辆车吹倒在地上,车篮坏了,后备箱的盖子裂开来;雨来了,一阵阵地浇在车子上;灰尘来了,一层一层地堆积上去。

每次上班、下班,我都能看到这辆黄色的电瓶车,它曾经带着我和谈笑天天往来于家和学校,给我们节省了时间,提高了效率。

过了五一,我们家需要用这辆车了,我好不容易找到了钥匙,下楼去开,结果,车锁已经生锈了,很难再打开。

天天用,很好用;不用了,闲着,居然生锈了。

我们的大脑就像这车锁,不用也会生锈的。

让我们记住一句俗语吧:刀越磨越亮,脑越用越灵。

71

刘翔的教练

今天,刘翔将在我们松江参加上海国际田径黄金大奖赛。我们在这里祝福他取得佳绩。

说刘翔,不能不说孙海平——刘翔的教练。因为带出了刘翔,人们喜欢称他为"金牌教练",但孙海平一直强调:"我只是一名做好了本职工作的普通党员。"

孙海平教练有一双慧眼,他特别会观察、钻

研。孙海平做运动员时，从未得过特别的成绩，成为一名跨栏教练后，他发现队员刻苦训练后仍无法带来突破。于是，他在训练之余不停地思考。此后，孙海平养成了出国比赛随身带摄像机的习惯，随时记录外国优秀运动员的训练方法和比赛风格。随后发现，很多欧美优秀运动员的共同特点：腿型都是"倒萝卜"，上面粗，下面细……孙海平茅塞顿开：为什么不能把我们的队员也练成"倒萝卜腿"？孙海平找到了刘翔，在他身上开始自己独到的试验。在孙海平的不断调教下，刘翔一举夺得奥运会冠军，时隔两年又在瑞士洛桑打破男子 110 米栏世界纪录。

老师觉得，从刘翔的教练身上，我们也能悟到，做什么事，都要动脑子，找方法，蛮干、苦干不一定出成绩。

读书不学南郭先生

2007年
10月
10日

战国时期，齐国的宣王喜欢听竽的大合奏，就组织了一支大型吹竽乐队。

南郭先生，既无学问又无专长，听说齐宣王招聘吹竽乐师三百名，就凭着三寸不烂之舌混进了乐队。但他根本不会吹竽，为了不让自己的竽发出声音，他偷偷用豆子塞住竽口。每一天，他都装模作样地在乐队里"吹奏"。数百名乐师齐奏，气势宏伟，宣王很满意。南郭先生又善于阿谀奉承，更得宣王嘉奖。

可是好景不长，齐宣王死了，齐湣王继位。新王喜欢听独奏。南郭先生听后吓得浑身发抖，竽中塞的豆子也滚落出来，原形毕露，丑态百出。众乐师暗暗好笑。齐湣王大怒："简直是滥竽充数！"当天，南郭先生就逃之夭夭。

学习语文，经常要朗读课文，不免要齐读。有同学学故事里的南郭先生，这是不应该的。每个人都要有真才实学，才能受人欢迎。

国庆语文学习大丰收

国庆长假，我们的生活丰富多彩，学习、读书、做客、旅游……

老师读了大家的一周生活随笔，觉得可以用"精彩纷呈、收获不浅"这八个字来形容。

刘启鸿同学在国庆节读了不少书，他给大家推荐了两篇好文章。其中一篇讲述了小作者看家里买来进口苹果，故意说"苹果是酸的"，"骗"得爷爷"尝了几口"。这样善意的举动与其说是"骗"，不如说是"爱"。因为不这样说，爷爷是不肯吃好东西的。

再来看看高悦同学，她用日记的形式记叙了自己每天的见闻与收获。到乡下做客，她不写自己怎么吃、怎么玩，而是写爸爸开车路过张泽斜拉桥给自己的介绍：这是中国最早的一座斜拉桥，历经几十年风雨而依然傲立。高悦到城隍庙玩，吃南翔小笼包，明白了小笼包已有百年历史，了解了南翔小笼包很受外国人喜欢，还望到黄浦江对岸在建的中国最高建筑物——环球金融大厦。

在休息、在游玩中懂得这么多，记下这么多，刘启鸿和高悦真是两个会学习的好孩子！

像刘启鸿这样的孩子，我们班级还有很多，可见，这个国庆节，我们在语文学习上大获丰收！

走近"花婆婆"

方素珍老师是台湾著名儿童文学作家、海峡两岸儿童文学研究会理事长。

方老师很神奇，她有一双美丽的翅膀，从祖国宝岛台湾飞到了松江。方老师还有一个好听的名字：花婆婆。这是因为她曾翻译过一本图画书《花婆婆》，写的是一位老婆婆四处撒花种子，为的是让世界变得更美丽。方老师还给我们少年儿童写过很多有趣、有益的儿童诗、童话、图画书等。这次，她到我们松江来播撒种子，让我们的语文世界变得更加美丽。

这里，谈老师给大家读一首她写的《不学写字有坏处》：

小虫写信给蚂蚁

他在叶子上

咬了三个洞

表示我想你

蚂蚁收到他的信

也在叶子上

咬了三个洞

表示看不懂

小虫不知道蚂蚁的意思

蚂蚁不知道小虫的想念

怎么办呢？

谈永康和方素珍合影

74

给自己画张"心电图"

2007年
12月
5日

心电图是测量心脏是否健康的医学用图。它其实由一根根线段组成，大起大落等就说明心脏出问题了。医生得给你开药方，治病救人。

学习怎么也有这样的图呢？

有，谈老师给大家每人准备了一张统计表，横坐标是 1~20 课练习，纵坐标是得分，从 50 到 100。请大家拿起笔，根据自己每一课练习的得分找到相应的点，再用线段连起来，你就得到了一张学习"心电图"。(老师示范后，学生自己画点连线。老师从中找了几张统计表，放到实物投影仪上。)

我们来观察这些"心电图"。

这一张，最高分 100 分，最低分 85 分，可见这位同学平时学习认真、扎实，保持比较高的学习水平，值得我们学习。

这位同学，最高 100 分，最低 60 分，足见该生学习不够稳定，起伏较大；再细看，我们能发现，这位同学总是高分后快速下落，然后又猛地拉起，说明他有潜力，但要严格要求自己。

第三位同学前几次都在低分，后面的几次练习质量逐步提高，可见这位同学学习认真，有所进步。这跟她在最近的一次阶段性质量监测中的成绩相吻合，虽然不理想，但是有比较显著的提升。

好了，接下去请大家给自己做一个"诊断"，就像老师一样。你们把写的"诊断书"交给你们的家长，让我们的家长也来帮助我们回顾学习之路，明天学得更好。

勤翻字典是个好习惯

2007年
12月
10日

刚才我们进行了一个简单的调查：昨天的回家作业，你查了字典没有？数据显示：55 个同学，只有 10 个人查了字典，不到 20%。

本来，给"存、离、殖"这三个字写音序、部首、笔画数是一件并不困难的事。

事实上,是很多同学在不能确认这个字是什么部首时,采取了马虎的态度,随便写了一个部首,结果导致丢分。多可惜呀!

这一次练习,郭明杰同学一个不错。在介绍经验时,他说,平时他总是经常查字典的。因此昨天遇到这样的作业,他很习惯地拿起《现代汉语词典》,不过几分钟的时间,就全部完成了答题。

别看这几分钟,很多人一辈子都做不到。这一点老师也要向郭明杰学习。可以告诉大家,每次上新课前,老师至少要查 10 个字词以上,查到了,还要认真细致地记下来。

愿你和字典交朋友!

学习改变命运

2007年
12月
14日

我们学校的学习质量周活动已拉开序幕。学习周有不少活动,活动的目的是帮助、指导、提升我们的学习;追求的境界是让每一个同学都爱学习、会学习、学习好!

人人在学习,学习是不是一件简单的事呢? 我们来看《现代汉语词典》给"学习"下的定义:从阅读、听讲、研究、实践中获得知识或技能。这个概念有些深奥。双休日,老师请了四(8)班的几位同学用一两句话来概括一下自己对学习的体会。

郁聪:学习让我们更加聪明。

刘启鸿:学习就是爱读书,读好书,读书好。

牟佳馨:学习是享受,令我们很快乐。

高悦:学习是不断吸取知识明白事理的过程,学习就是一种态度,也是一种责任和使命。

说得真好! 老师在这里再补充一下。

学习学什么?学生活的知识,学生存的技能,学生命的意义。在学习语文、数学、英语等知识,在掌握音乐、体育、美术等本领时,一定要感悟、学习生命的智慧,学会做学校的好学生、家庭的好孩子、国家的好公民。

学习最重要的是什么？是思考，是成为学习的主人。生活，是我们学习的大教材；社会，是我们成长的大课堂。在丰富复杂的世界面前，在海量的知识面前，我们要用自己的眼睛观察、用自己的嘴巴说话、用自己的双手工作。最重要的事，就是要让自己的脑袋思考，不迷信教材，不迷信老师，不迷信权威，不停地质疑、追问世间万物。

学习的助推器是什么？是方法，是学习之后的反思。请大家记住 2500 年前《论语》中的一句话：吾日三省吾身——为人谋而不忠乎？与朋友交而不信乎？传不习乎？什么意思呢？请大家回去后请教老师或书本。

说了那么远，是希望大家胸怀世界，既要追求做一个了不起的现代中国人，更要从此刻开始，上好每一堂课，做好每一次作业，每一次发言都大方、大声，参与每一次活动，每一天都有一点进步。那么，若干年后，当我们离开母校，走上社会，回首往事的时候，一定会说，是学校改变了我，是学习成就了我。

这也是本次学习质量周的主题，请大家跟我一起说，好吗？

质量在我心中，学习改变命运。

77

好孩子都对学习负责任

2008年
2月
22日

今天，老师要表扬几个同学：顾鑫、苗寅琛、张智奕、郑哲、陈晨。

为什么要表扬呢？因为他们都对自己的学习负责任。昨天放学了，他们中有的还没有背好《勤读》，有的还没有完成订正，虽然老师不在教室，但是他们自觉地完成了这一切，等老师批完后再回家。他们做到了今日事今日毕，就是好孩子！

相反，有几个同学，老师曾提醒他们做好回家作业再回去，可是，放学时老师没有来，他们就悄悄地走了。这是学习不够自觉的表现。

连自己的学习都不能负责的人，怎么对别人负责，对自己的将来负责，因此，希望犯错误的同学来跟老师认错，拿出实际行动，证明自己也是一个好孩子。

复习的窍门

一眨眼，又到期末复习了。

孔子说过：温故知新。到了这个时候，有些同学就会紧张起来，原因之一是要复习的东西不少，再加上作业、练习等，让这些孩子有些不知所措了。

老师由此想起自己读中小学时的一些经验来。

每到期末，我就把时间与精力更多地花在了语文、政治这些需要背诵积累的文科科目上。我有一个小本子，一手可以掌握，里面都是语文书里要背的古诗文与现代文。这些都是平时学到时摘记的。临近考试了，我就经常拿着这个本子，放在口袋里，一有空就拿出来读读背背。印象深的是上学、放学路上——那时候没有汽车，大路小路上就偶尔有辆自行车——交通绝对安全，我一边走一边在心里背书。倘若背不出来了，就马上掏出这个"万宝全书"翻一翻……就这样，我的语文、政治成绩总不错。

除了背记这些基本的东西外，看课堂笔记、做阅读题也是必须的。每次做阅读题，都是出声读一遍，再默看一遍，然后看题目再做。

后来，我得到一个经验，就是分门别类复习。如字词归类记忆，句式比较复习等等。慢慢地，脑子里就有了一棵语文树，每一根树枝上都有专门的一类知识。

这就是我小时候的一些复习语文的方法，你可以参考一下。

把错误转化为财富

读小学一年级时，我被老师留了晚学，是不能完全正确地读对几十个韵母吧。老师站在讲台前，我们在下面，读对的一个个走了，留下来的都很难为情。我也是。

　　我永远记得，这样的"留学"不是出国读研究生，留给我的是惭愧，是不光荣。从那以后，我再也没有"留学"，我的学习开始好起来，从二年级开始，我年年被学校评为"三好学生"。

　　学习有不足，有问题，甚至犯错误，都是正常的。有人从中吸取教训，把它们转化为自己的财富，帮助自己成长，这就是把坏事转化成了好事。

学习是一次长跑

2009年
4月
24日

　　还记得三年前，我跟陶嘉娴同学进行了一次谈话，谈她的字，写得认真，可效果不好，因为书写习惯，她的字笔画挤在一起，老师看她的习作，几乎看不下去。于是，在家长的支持下，陶嘉娴开始了"长跑"，她买了字帖，开始每天都练字。这一"跑"就是三年。工夫不负有心人，现在，陶嘉娴同学的字已经成为全班学习的榜样，每天的语文作业，都是她抄在黑板上的。

　　其实，陶嘉娴是在跟自己赛跑，她用她的毅力、汗水超越了自己。她在许多方面都"跑"出了优异的成绩，比如作文接连得"优"，语文成绩名列前茅。

　　可见，"长跑"是取得进步、走向成功的金钥匙。

　　由陶嘉娴，我想到了自己，老师也在跟自己长跑。读中小学时，老师不提问题，我从来不发言，直到读师范、走上工作岗位，我才意识到自己语言表达能力的不足，于是开始练朗读、练发言，有时候上公开课，也要提前到教室里练一练。就这样，谈老师终于"站"稳了讲台。这不是谈老师的一次长跑吗？

　　现在，谈老师又开始跟大家一起练字，每天练一点。其实，在读师范时，老师也是天天练字的。对我来说，练字是另一次"长跑"，希望大家跟我一起坚持"跑"下去，把自己的字练得漂漂亮亮的。

　　学习是一次长跑，每个人都要跑起来，每一天都要跑一点，积少成多，你就成了最后的胜利者。

听说读写的调教

好读书时好读书

2003年
11月
21日

今天我们一起学习了《北朝民歌》。请大家背诵一下。(百川东到海/何时复西归/少壮不努力/老大徒伤悲。)

这首民歌诗告诉了我们读书要趁早。这堂课我给大家讲一个故事。明代有位著名作家,叫徐渭。有一天,宾客满堂,子孙饶膝,徐渭兴致正浓,就挥笔写道:"好读书,不好读书。"大家不知其意。谁知徐渭把笔搽饱墨汁,又写道:"好读书,不好读书。"成了一幅同字联,来客和子孙们更是莫名其妙。

徐老先生笑着解释说:"联中'好'字两读。上联说,年少时,耳聪目明,精力充沛,时光大好,'好(hǎo)读书'。可惜有人不知读书的重要,只顾玩耍,'不好(hào)读书'。下联呢,是说年老时,懂得读书的重要,'好(hào)读书',但是已经耳聋眼花,力不从心,'不好(hǎo)读书'了。"

对啊,好(hǎo)读书时要好(hào)读书,否则就后悔也来不及了。

严一菲的个人作品展

2004年
4月
1日

说到"展览",小朋友可不陌生,大画家啦,摄影家啦,都会举办作品展览。

我们小朋友也可以办作品展。昨天,我们的班级墙报隆重推出了"严一菲作品选"。

这一次展出了严一菲同学的6篇作文。6篇作文有童话,有续写,也有日记。有的写游苏州乐园,有的描摹了纷纷扬扬的雪景,有的是学完课文后的想象。请大家课间、午后去欣赏、学习。

严一菲同学对写作一直怀着浓厚的兴趣,每一次习作,都认真准备,精心构思，反复修改。在家长的帮助和老师的指导下，她的作文越来越出色了！这次谈老师专门为她举办作品展，既肯定她已经取得的成绩，又希望她再接再厉、不断进步。

请每位小朋友注意，只要你努力，你就是下一个严一菲，谈老师一定为你办一个作品展！

三个"出谜大王"

2004年
4月
9日

83

猜谜语是小朋友最喜欢的活动之一。

以前我们只是猜谜，上个学期，大家开始出谜语了。小朋友们根据新学的生字，自己编写一则谜面，然后请同学猜。

这个游戏受到了大家的欢迎。语文课上每到"我说你猜"的时候，大家就你不让我、我不让你地争相出谜。精彩的谜语层出不穷。

最近，谈老师请各位同学每周出一条谜语给我，再由老师推荐给大家。我高兴地发现，很多同学出的字谜都很有意思，也很有价值。其中有三位同学特别用心，每次都出好几条谜语，质量也挺高，他们是：郑博琳、王兆阳和徐家奕。

这里展示王兆阳的几条谜语：树上的鸟儿成双对(米)；九十九(白)；九点(丸)；两口子合生一个(星)；打破框框，发现人才(团)；瓜熟蒂落(爪)；千里相逢(重)；木偶奇遇(林)；三个凑在一起(众)；千言万语(够)。多有意思的谜语！

为了表扬他们肯动脑、能创造的精神，我们给他们"出谜大王"的荣誉称号。

最美的小纸条

2004年
10月
21日

前几天,我在批回家作业的时候,叶梦玲同学的本子里掉出两张小纸条。我仔细一看,啊,原来是孙膑的简历。我们来深入认识一下孙膑:

战国时军事家,孙武的后代。曾与庞涓同学兵法。后来庞涓为魏惠王将军,忌其才能,诳他到魏,处以膑刑(去掉膝盖骨),故称孙膑。后经齐国使者秘密载回,被齐威王任命为军师。他设计先后大败魏军,并射杀庞涓。他强调具体分析敌我双方的条件,做到"内得其民之心,外知敌之情"。认为采用一定的方法,寡可以敌众,弱可以胜强。著作有《孙膑兵法》。

两张小纸条上还画有可爱的动漫,精制而小巧。

这是我本学期见到的最美的纸条!

中国的词语真有意思

2004年
11月
15日

上周五,我们说了两个笑话:一个是关于"急中生智"的,一个是关于"特长"的,笑话中的人都误解了词语的意思,结果闹出了笑话。谈老师喜欢这样的笑话,尤其是第二个故事中的那个大学生,居然把"特长"理解成了"特别长",因此在面对"你有什么特长"的问题时,居然回答"我的腿特长"。

现实生活中当然没有这样的笑话,但是没有美丽的汉字,我们就少了一份会心的幽默。

上周五,我们还学了《动物园的晚上》,文中的小明跟着爸爸在晚上参观动物园,见识了很多动物是如何睡觉的。他一边看,一边问,长了许多学问。每个人都喜欢学习,都希望成为有学问的人,那就要像李政道先生说的那样:"求学问,须学问;只学答,非学问。"学问学问,边学边问才长学问。啊,"学问"这个词又告诉了我们如何求学问的方法。

中国的词语能带给我们笑声,还能启迪我们思考。中国的词语真有意思!

向你推荐十大少儿图书

2004年
12月
27日

这是《中华读书报》推出的"2004年度十大少儿图书"。这些图书的主题涉及了爱、亲情和温暖。这十本书分别是:

1.《哪吒传奇》,人民邮电出版社、童趣出版公司出版。这是大家都很熟悉的一本书。

2.《淘气包马小跳》系列,杨红樱著,接力出版社出版。"如果世界上有玩的比赛,马小跳不得冠军至少也能得亚军……"在2004少儿畅销图书排行榜上持续数月独占鳌头,与《哪吒传奇》平分秋色。

3.《毛毛》,米切尔·恩德著,二十一世纪出版社出版。势单力薄的小女孩毛毛战胜了强大的偷窃人们时间和情感的恶魔——灰先生,这似乎不可思议,然而却不断在我们内心世界上演。精神的力量往往超出了物质的诱惑。这就是女孩毛毛的法宝。

4.《女巫》,罗尔德·达尔著,明天出版社出版。《女巫》出版当年被授予英国"白面包"奖(英国儿童文学最高奖)时,其评议委员会所给予的评语是:"谐谑,机智,既趣味十足又使人震惊不已,是一部地道意义上的儿童文学杰作。整部书从头至尾都让我们觉得,它流泻自一位幻想文学的巨擘笔下。"达尔把一个善良男孩变成小老鼠的故事写得像一场前路莫测、结果完全无法预知的神秘冒险,它通篇还弥漫着一种让人潸然泪下的亲情。

5.《夏洛的网》,E·B·怀特著,上海译文出版社出版。为了挽救即将死在屠刀之下的小猪威尔伯的性命,蜘蛛夏洛用她的网上艺术对威尔伯的名声层层加

码,从"王牌猪"、"杰出"到给参加农业博览会却又临阵怯场的威尔伯加上"谦虚"的美名,威尔伯生命无忧,而且还达到了名声的顶点,而夏洛却在此刻因衰老而死去。怀特用柔韧无比的蜘蛛丝编织了一张理想的、温暖的、美丽的、爱的大网,感动着世界无数的读者。

6.《白鹦鹉的森林》,安房直子著,少年儿童出版社出版。日本著名儿童文学作家安房直子系列作品中的一本。安房直子是一个远离尘嚣的儿童文学作家,她一生淡泊,深居简出,却为我们留下了一山坡野菊花似的短篇幻想小说,最适合女孩子阅读。

7.《藏在书包里的玫瑰》,孙云晓、张引墨著,北京少年儿童出版社出版。

8.《一路风景》,中国少年儿童出版社。风雨40年,哺育三代人,本书是《儿童文学》的精华本之一。

9.《中国童话》,黄蓓佳著,江苏少年儿童出版社出版。黄蓓佳对《牛郎织女》、《猎人海力布》、《渔夫和小公主》等10个长期流传在我国民间的经典民间故事和民间传说进行高度艺术化的再创作,以《中国童话》书名推出。

10.《蓝皮兔的故事》,四川少年儿童出版社,陈磊著。想知道那只最蓝最蓝的蓝皮兔在霸王豺和山猫的虎视眈眈下,是如何拯救濒临灭绝的皮兔家族,带领他们重返家园的吗?《蓝皮兔的故事》告诉我们一个感人至深的亲情故事,一种启迪心灵的成长体验。

86

读刘翔,学刘翔

2005年 2月 25日

这个星期,谈老师推荐了《中国青年》上的一篇文章,题目是《刘翔:我还是原来的那个刘翔》。这是一位记者采访刘翔后写出的人物通讯,十分简洁,只有1700多字,但是生动传神地写出了刘翔的成长历程和奥运夺冠后的心路。文章感动了我,所以打印后请大家一起分享。

同学们都认真地阅读了,还写了读后感。这里我介绍几位同学的读后感:

今天我读了《刘翔：我还是原来的那个刘翔》，感触很深。刘翔的强劲对手无非是美国的约翰逊，但在雅典奥运会上，约翰逊因在预赛中摔倒而没能进入决赛。外国记者就采访刘翔说："约翰逊出局了，是不是意味着增加了你夺冠的机会？"刘翔听出了言外之意，不甘示弱，回答："中国有我，亚洲有我！"

这是我最喜欢的一句话：中国有我！亚洲有我！（李蕾）

读了这篇文章，我知道在刘翔以前，亚洲人在短跨上的最好成绩是李彤创造的世锦赛第8。刘翔在奥运会上取得了世界冠军，他不像田亮那样因体育事业一炮走红，就进入娱乐界，最后被逐出国家队。刘翔是谦虚的，我也要像他一样！（彭小雪）

"中国有我，亚洲有我！"俗称"跨栏王"的刘翔在教练孙海平的指导下，取得了110米栏世界冠军。刘翔对自己信心十足，他不想做一次性冠军，他想跑到2012年，做一个常胜将军。刘翔之所以能成功，是因为他保持着一颗平常心。刘翔觉得自己没变，"我还是原来的我。"刘翔，我为你骄傲，我为你自豪！（张珏懿）

刘翔，我为你自豪！13岁的你就进了运动队练习高栏与跨栏。21岁时，你已经从普通运动员变成了奥运冠军。当有人觉得你会轻狂时，你却依然谦逊。因为你很清楚，失去运动成绩你什么都没有。你这个21岁的小伙子，始终为梦想不懈努力，因为在110米栏的红色跑道上，永远起点是目标，终点也是目标。我应该向你学习，学无止境。（黄诗怡）

87

这次读得认真、写得也好的同学还有：季佳倩、杨梓、赵路欢、叶梦玲、肖柳柳等。

永不凋谢的玫瑰

2005年
3月
3日

前不久，我们读了大教育家苏霍姆林斯基的一个故事《永不凋谢的玫瑰》。故事的前半部分是这样的：

校园的花房里开出了一朵硕大的玫瑰，全校师生都非常惊讶，每天都有许多同学来看。

这天早晨，苏霍姆林斯基在校园散步，看到幼儿园的一个4岁女孩在花房里摘下了那朵玫瑰花,抓在手中,从容地往外走。

苏霍姆林斯基看到了,他会怎么说,怎么做呢？谈老师让大家接着写下去。我仔细阅读了每位同学的续写,同学们的续写个个不同,又各有千秋。对我来说,这是一次精神的大餐！

本次续写最贴近原文奖获得者是杨俊和宋佳欣,最传统奖由朱雨茜和杨梓获得,朱艳梅获得最朴素奖,最有特色奖由三位同学分享:陆炯、金佳雯和张玲莉,最离奇奖由顾佳艳和孙如意分享,最感人奖由金佳峰获得,本次续写最佳作品奖由金家兴获得。以下是金家兴同学的续写:

……苏霍姆林斯基看到了,连忙走过去,问小女孩:"小朋友,你摘这朵玫瑰干什么呢？好孩子可不乱摘花的。"小女孩转过身来,用水灵灵的大眼睛看着校长。苏霍姆林斯基校长又问了一遍。小女孩的眼睛忽闪了一下,说:"我妈妈生病了,我想摘几朵花送给她,让她快乐。"校长感动了,那么小的孩子就知道安慰妈妈,真了不起！他说:"我也想去看看你妈妈,行吗？"

小女孩同意了。校长跟着她到了不远处的一座房子里,只见一位妇女躺在床上,脸色苍白,似乎病得很厉害。经过交谈,校长了解到:这位妇女的儿子就在自己的学校读书。小女孩的爸爸因为车祸去世了,只有妈妈支撑着这个家,现在连儿子的学费都快交不起了。

苏霍姆林斯基回到学校,通过广播讲述了这位同学的家庭状况,呼吁并组织同学们捐款帮助母子三人。当老师们把捐款交到小女孩妈妈手里时,她感动得流下了眼泪。

过了一个月,小女孩的妈妈康复了。为了报答学校,她义务作学校的园丁,但是学校坚持给她发工资。在这位妈妈的精心培育下,学校的玫瑰花更大更红了。这花饱含着深情,是永不凋谢的玫瑰！

品品后车窗上的标语

2005年
6月
6日

《咬文嚼字》杂志在去年举办了《后车窗上的标语》的征文,应征文字别有情趣,以下是获奖作品,请大家欣赏:

一等奖:車+車+車=轟!(黑龙江张晓静)

車+車+車＝轟!

二等奖:我不是拉登,不要追我。(山西逯超)顶牛!顶牛!顶后谁能牛?(江西许国兵)

三等奖:开车无难事,只怕有新人。(山东王霄天)我是铁,你千万别是磁铁。(湖南张翼宇)开过拖拉机,开过坦克,刚开车!(四川刘多)

除此之外,还有一些作品也很有特色,比如:我可不是"碰碰车"!(广东杨关胜)别让我们因相撞而相识!(黑龙江李波)请勿用车触摸!(山东孟玥枫)等等。

老师尤其喜欢第一条,几辆车跟得太近,就会发出"轰"的一声,怎么了,出车祸啦!形象,简练,一看就懂,意味无穷。四个字,三个符号,好作品,当之无愧拿第一。

走 近 书 法

2005年
9月
5日

请大家听一个故事。故事的主人公是一位大书法家,他是谁呢,我们来了解一下。

柳公权小时候字就写得很好,在当地很有名。他自己也很得意,以为没有人比得上自己了。

有一天,他在集市上看到一面写着"字画汤"的白布幌子前围了许多人。只见一个白发老人,没有双臂,赤着双脚坐在地上,右脚却夹着一只毛笔在写对联。他运笔自如,博得围观者的阵阵喝彩。

柳公权脸红了,他连忙拜老人为师,请老人说说写字的秘诀。

汤爷爷说:"我是个残废,没有手臂,从小用脚写字,天天练,已经坚持几十年了。我家门外有个半亩大的水池,每天写完字我就在池里洗笔,水都被洗黑了。可是,我的字还差得很远呢!"

从此,柳公权发愤练字,终于成为著名的书法家。

从今天开始，我们要像柳公权那样刻苦勤学，学写毛笔字了。

此刻，大家有些兴奋，有些好奇，都想把毛笔书法学好。

这里，老师想提醒大家，书法虽然很美，但是要付出很多。不经历风雨，怎么见彩虹？学写毛笔字也是这样。

我们一起做大事

2005年
9月
7日

90

这个学期，我们要一起做一件大事，一件很难很难做到的事！这是一项需要毅力和智慧的工作，这是一项跟考试无关，但跟未来息息相关的工作。我们要穿越历史的山山水水和风风雨雨，去走近一位中华民族的伟人，这个人的名字在以下这段话里：

1988 年 1 月，全世界的诺贝尔奖获得者聚会法国巴黎，他们向全世界庄严宣告："如果人类要在 21 世纪生存下去，必须回头两千五百年，去吸取孔子的智慧。"

他是谁呢？对，孔子！

孔子是春秋战国时期的大教育家、大思想家，出生在山东曲阜。他开创了儒家学派，他的思想一直影响着我们民族，已经走出了国门，走向了世界。

这个学期，我们一起来背《论语》。暑假里，谈老师已经为大家选择了 50 条，现在我们一起学习第一条：

子曰："学而时习之，不亦说乎？有朋自远方来，不亦乐乎？人不知，而不愠，不亦君子乎？"

这句话的意思是：孔子说："学习而经常温习，不是很愉快吗？有朋友从远方来相聚，不是很快乐吗？没有人了解自己，并不烦恼怨怒，这不才是君子吗？"

我们一起来读，一起来背！

【我故意设下的悬念，强烈激起

了学生学习的欲望；当他们得知要背《论语》50条，并且试着诵读了一条后，他们并不觉得艰难——当然，这只是开始。我相信，做一大事的说法是能让他们激活潜能的。】

学了就要用

最近，几位同学的作文引起了我的注意。

第一位是范怡君同学的作文《我喜欢小狗》，里面有这样一段话：

小狗淘气常常到院子里去玩，一玩起来就没完没了。它会翻倒花盆，抱着树枝打秋千，所过之处，枝折花落。你见了，决不会责打它，因为它是那么生气勃勃，天真可爱。……

大家听着有点耳熟，不错，范怡君正是学习借鉴了老舍先生《猫》的写法。你看，语句稍加变化，不是很恰当，很生动吗？

第二位是顾佳艳同学的作文《我喜欢读书》。在描述自己爱看书时，顾佳艳写到了这么一个细节，一下子让读者感觉到了她对童话书深深的爱。这句话是这么写的：有几次我边吃饭边看书，结果把放在桌上要给猫吃的咸鱼汤给喝了，弄得嘴里都是鱼腥味。

第三位是张珏懿的作文《难忘的中秋节》，里面出现了一段歌词，是《太阳公公和月亮婆婆》里的，歌词很优美：这座桥/那条路/月亮婆婆记得熟/婆婆最能走/千山万水挡不住/婆婆不怕走夜路哪/年纪虽老劲头足/劲头足。张珏懿喜欢唱歌，会唱的歌肯定很多，现在她把自己喜欢的歌词引用到作文中来，给作文增添了韵味，不错。

我们要向这三个孩子学习，学习他们学了就要用的意识和习惯。

写满字的语文书是美丽的

2005年
11月
25日

好记性不如烂笔头——这是一句大家耳熟能详的俗语。说的是学习、生活要学会记笔记,再好的记性都比不上用笔记一记。

从四年级开始,我们就学习记笔记了。我们的笔记主要记在语文书上。这样,复习课文也好,准备考试也好,都很方便。以后,我们还可以准备一个专门的本子,记在本子上。

记笔记的方法很多,主要有:

符号笔记:就是在书上文字旁边加上各种符号,如直线、感叹号、问号、圆圈等,或找出重点,或提出疑问,什么符号代表什么意思,由自己掌握。

批语笔记:把学习心得随手写在书上,比如在文章顶部或尾部加上眉批、尾批,在行间加旁批,在佳妙处另加旁点,在精辟处加旁圈等。

板书笔记:记老师的板书。老师的板书一般是经过精心设计和巧妙安排的,基本概括了一篇文章的主要内容,体现了学习要求。

笔记是我们思考、学习的结晶,写满字的语文书是美丽的。

多积累歇后语

2005年
12月
5日

朱艳梅同学在《今天真快乐》的作文中写了这么一段话:

……弟弟拿出礼物,告诉我:"姐姐,这是我自己做的,可花了我两个小时。"我接过这张贺卡,非常感动,真是千里送鹅毛——礼轻情意重。

姐姐过生日,礼物很多,唯有一件最有意义,那就是弟弟亲手做的贺卡。这一点,朱艳梅同学用一个歇后语"千里送鹅毛——礼轻情意重"很好地表达了。

我们的作文中歇后语可不多。

歇后语,是我们中国人特有的智慧与趣味语言。它一般由两个部分构成,前半截是形象的比喻,像谜面;后半截是解释、说明,像谜底。例如:一个巴掌打不响——孤掌难鸣;懒婆娘的裹脚布——又长又臭。

为什么叫歇后语呢?通常只要说出前半截,"歇"去后半截,就可以领会和猜出它的本意。

歇后语是我们汉语园中的语言奇葩,多积累,多运用,能以一当十,能带给读者无限的回味。

愿我们与歇后语交朋友!

读《读者》 做读者

2005年
12月
9日

我给大家读一篇散文《上学只要半小时》(全文略,梗概如下)。

一名研究生来到秦岭的一所希望小学支教。上第一节课,他问同学们:"同学们,告诉老师,你们来上学都要花多长时间?"孩子们争先恐后地报出了自己上学所需的时间:最远的说要一小时,最短的也有半小时。

放学后,研究生决定把距学校最近的那位女生送回家,顺便去家访。一路上,研究生问了一些问题。不知不觉,天色开始暗下来。研究生发现时间已经过去了一个小时了,学生家怎么还没有到呢?每次问小女孩,小女孩总是说就在前面。难道小女孩在骗老师吗?

面对老师"你怎么能跟老师说谎"的责问,小女孩流下了眼泪,告诉老师:"我每天是跑着来学校的。"

研究生没有想到,山里孩子所说的半个小时是跑着来计算的。

我们当然也不会想到,山里孩子上学要走这么长的路。

这篇文章刊登在 2005 年第 24 期的《读者》杂志上。《读者》是一份精美的刊物,值得大家阅读!

请大家读《读者》,做一个好读者!

孩子都是天生的诗人

2006年
2月
16日

最近,谈老师在《莫愁》杂志上发表了一篇小文章,题目就是《孩子是天生的诗人》。说的是谈笑小时候写诗的故事。谈笑小时候,经常会说一些傻话,也会说一些可爱的话,有些话就像一首诗。比如:枕头里唧唧唧的,好像藏了一群小鸟;宇宙是摇篮,摇着地球宝宝。等等。

其实,每个孩子都是诗人,在你们的眼里,世界是新鲜的,充满了色彩与味道,万物都有感情。因此,你们是情感的王子,你们也是诗歌的宠儿。你们也经常会说出一些特别的语言,诗意的语言。如果你有心记录下来, 就可能诞生一首绝妙的小诗。

前天,我们一起诵读了《亲情》的小诗,这个星期,请大家再读点诗,也写点诗。

听课老师给我们的三句话

2006年
9月
13日

上午第4节课,我们迎来了一位尊贵的客人老师,她就是原上海市教委教研室的语文专家李老师。李老师已经退休了,可是她喜欢语文,喜欢听老师上课,因此跟我们一起度过了 35 分钟。

这 35 分钟,对我是难忘的,因为我可以得到李老师的指点和帮助;这 35 分钟,对大家也是有益的,因为李老师中午告诉我,我们班的同学要在以下三个方面继续努力:

第一句话,自己读自己的书。大家一读书,就喜欢齐读。其实有时候需要我们有感情地朗读,必须自己读自己的;

第二句话,要带着问题读书。养成这样一个习惯十分重要,带着老师的问题,带着同学的疑问,带着自己的问题读书,能帮助你读懂课文;

第三句话,要大胆举手。今天我们有 10 多人发言,李老师说还不够,希望有更多的孩子在语文课上展示自己。

这三句话,你记住了没有?

一次特殊的考试

2006年
10月
12日

黑板左下角的《中秋月》,你们都会背了吗?(学生齐说:会了)

你们发现了没有,这首古诗跟以往我们背的古诗有什么不同?(学生经过观察,发现了这首古诗没有写明作者及其朝代)

那么,谁能告诉我这首诗是谁写的?(学生没有人举手)

这是一次特殊的考试,老师故意不写诗人,是要让大家自己去解决,找到这首诗的主人是谁。当然,这些要求,老师都没有说,而是在黑板上留着空白,希望大家自己发现问题、解决问题。

很遗憾,这次考试大家都没有及格。《中秋月》的作者是唐朝诗人李峤,全诗如下:

> 圆魄上寒空,
>
> 皆言四海同。
>
> 安知千里外,
>
> 不有雨兼风。

记住,不要什么知识都等老师来告诉你,要学会自己学习,做学习的主人。

"我买了两吨书"

如果问你去新华书店买书买了多少,你也许会自豪地回答:几本。

但是,如果我告诉你,一个法国人买了几吨的书,你一定会大吃一惊的。

这个故事是中国作家毕飞宇讲述的。大概在几年之前吧,上海领事馆的法国总领事郁白先生来到毕飞宇生活的南京。两个人一起吃饭闲聊时,白总领事告诉作家,他就要离开中国了,最近刚刚买了一些中国书。作家问白领事买了多少,郁白先生笑着说:"两吨。"

一个买书的人用"吨"来做他图书的计量单位,老实说,没有几个人听说过。

毕飞宇还讲到了自己在法国参加了图书沙龙时,发现无论什么时候,也无论什么地点,都能看到手捧书的法国人,地铁,街头,公园,咖啡馆,酒店的大堂。甚至,在公墓的长椅上,也有不少人在安安静静地读他们的书。总之,一切可以坐下来的地方都有人读书。

亲爱的同学,你会以什么来作为图书的计量单位呢?

作 文 之 星

前不久,我们回家做了一次有趣的采访,那就是让爸爸、妈妈等跟你说说他们眼中的祖国。

王安平同学采访爷爷后有很多收获,我们来听听:

我们的祖国叫中华人民共和国,简称"中国"。祖国很大很大,面积排在世界第三。我们中国的人口是最多的,全球第一。我们的祖国有著名的万里长城,还有国宝大熊猫。

我们中国发展很快,在国际上地位越来越高。2008 年我国将第一次举办奥运会。2010 年我国将举办世博会。

爷爷还说,我们的祖国有两颗明珠:一颗是台湾,一颗是香港。香港已经回到祖国的怀抱,真希望台湾也能早日回归。

听完爷爷的介绍,我觉得我的祖国真伟大!

听了王安平同学的记录,我们也有了很多的收获。他被评为了"作文之星",跟他一起分享这一荣誉的还有 6 位同学,他们是:高悦、叶晓霜、张智弈、岳亚先、郁聪、牟佳馨。

让我们用掌声向他们表示祝贺!

表扬一个好孩子

2007年
2月
27日

这个好孩子是大家的同龄人,读三年级,他有许多不足,但是他热爱读书,拿到好书就要看个不停。他的老师说,只要有一本好书,下课他就不会出去玩了。

在这个寒假,这个好孩子在新浪网上开了一个博客,每天写一篇习作,发到自己的博客里。刚开始的时候,他每天都要问爸爸和妈妈,"今天我写什么?""爸爸、妈妈,你们给我出个题目吧。"……就这样,他开始了自己的博客生活。每天打完一篇博客,他就可以得到一刻钟的玩电脑游戏的奖励;如果他的博客写得好,还会得到更多的奖励时间。就这样,这个好孩子坚持了一个寒假,写了 30 篇博客,12000 多字。从一开始的一篇 200 个字到现在的一篇三四百字,甚至一千个字,这个孩子取得了很大的进步。他最长的一篇博客是童话《金猪寻宝记》,长达一千字。

有人会问,他是谁?

他就是三(3)班的谈笑。欢迎大家访问新浪博客的"笑坛小谈"。

贾老师谈作文

昨天下午,谈老师在外国语小学听了贾老师的一堂作文课。贾老师,是上海鼎鼎有名的作文老师。他教作文很有一套,无数的学生听了他的课,走入了作文的门槛,踏进了作文的殿堂。

贾老师上了课,又给老师们讲了课。他说——

什么是作文呢? 作文就是学习语言文字的一项练习;也是学习做人的一次记录。

好作文怎么出来呢? 作文是写出来的,好作文则是改出来的。

怎么修改作文呢? 贾老师给大家出一段话,这里也请你们一起修改:

我最喜欢的老鸭子汤搬上来了。妈妈用力扯下两条腿,一条放在我的碗里,一条按在奶奶的碗里。

"鸭子汤"再大不过一汤盆,不需要"搬",只要"端"就可以了。而妈妈能用力扯下自己的两条腿来给我和奶奶吗? 显然不可能,而且太残忍。原来是作者粗心,忘记了本不该省的"鸭",妈妈用力扯下的是两条"鸭腿"。交代不清楚,就要闹出如此匪夷所思的笑话。看来,学作文也要细心哪!

红旗飘飘

熟悉的《卖报歌》、舒缓的《摇篮曲》、欢快的《牧童短笛》,让我们感觉到音乐跟语言是紧密结合在一起的。音乐是流淌的语言,语言是凝固的音乐。

现在让我们一起来欣赏一首激动人心的歌曲,歌名是《红旗飘飘》。

那是从旭日上采下的虹

没有人不爱你的色彩

一张天下最美的脸

没有人不留恋你的颜容

你明亮的眼睛牵引着我

让我守在梦乡眺望未来

当我离开家的时候

你满怀深情吹响号角

五星红旗,你是我的骄傲

五星红旗,我为你自豪

为你欢呼,我为你祝福

你的名字,比我生命更重要

……

这是歌,更像是诗,让我们沉浸其中、如痴如醉。这是音乐,更像鼓点,敲打着我们的心扉。让我们来轻轻地朗读这首诗,然后再大声地朗诵,回家可以学会唱歌,也可以背诵歌词。

99

自己背好书回家

2007年
5月
11日

又到周末了,每当这天,老师就要算一笔账:哪些孩子完成了本周背诵任务,哪些孩子还未完成?

这一项工作,我们已经坚持两个月了。为什么每周都要背一些呢?这个道理大家都懂。用一位特级教师的话说,就是:"靠读书长大的学生,才有可持续发展的后劲。靠做练习册长大的学生,是没有文化底蕴的。"

我们大多数同学都很自觉,懂得珍惜时间,下了课也争分夺秒到老师那儿背诵。当然,也总有几个孩子每个周末要留下来,"背好了"再回家。

说到这里,我不由想起20多年前自己读小学时的唯一一次"留学"经历:天色渐暗,可教语文的韦老师哪有心思注意呢,她无比威严地站在讲台前,而我,低着头,一个一个地念着声母和韵母,谁让我课上过不了"拼音关"呢!

很巧,不久前,上海市著名特级教师贾志敏先生老师在我校讲学,也说到了20多年前,他曾带一个班,每天也都要留一点学生,留下来做什么呢?白天没有背好书的,傍晚必须背好课文才能回家。

总之,一句话,我们每个人都背好了回家。

两个好孩子

2007年
11月
13日

昨天,经过大家推选,刘启鸿、牟佳馨两位同学代表我们班级,去听花婆婆上课。

花婆婆上了一课:《张开诗的翅膀》,课堂上充满了笑声。我们班级的两位同学认真听讲,积极思考,踊跃发言,成为了两颗闪亮的小星星。

牟佳馨同学走上讲台,把花婆婆刚刚出示的一首《母亲节》读得一字不差,抑扬顿挫。花婆婆喜出望外,表扬了牟佳馨,还送给牟佳馨一本亲手制作的特别的书。

刘启鸿呢?也不赖。课堂快结束时,刘启鸿大大方方地举手,告诉老师自己想出了一首小诗,想读给老师听。花婆婆好高兴,请刘启鸿读。

刘启鸿即兴读了自己刚刚完成的诗歌《白云和棉花糖》:

白云是飘在空中的棉花糖,

棉花糖是甜蜜的白云。

棉花糖是甜蜜的白云,

白云是飘在空中的棉花糖。

棉花糖就是白云,

白云就是棉花糖。

多有趣的诗歌!比诗歌更可贵的是刘启鸿能够大方地展示自己,也博得了花婆婆的夸奖,赢得了听课老师的赞赏。

牟佳馨和刘启鸿都是好孩子。

演讲时，
你的眼睛要看着大家

2008年
3月
4日

这个星期我们在竞选语文小助手，凡是愿意为大家学习语文服务的人都可以报名，并且利用双休日写了演讲稿。刚才几位同学都上台演讲了，他们都得到了大家的肯定，都得到了很高的票数，我们向他们表示祝贺，祝贺他们能够成为我们班级的志愿者！

在今后的学习中，有更多的机会在等着大家，需要你们走上讲台去演讲，去争取别人的支持。这里，谈老师想告诉大家一个关于演讲的常识。

老师注意到，有两位同学在演讲时，眼睛基本上是盯着讲台，最后"谢谢大家"时也没有看台下。

101

演讲要有良好的行为举止，主要有三点，分别是：站得笔直，不要摇晃；话语亲切，就像面对面交谈；第三，也是最重要的，是用眼神同听众联系在一起。演讲开始，要面带微笑，用这样的眼神跟大家"打招呼"；演讲过程中，要随时用眼睛跟同学保持交流，好像在问："我讲得好吗？""我的意见你觉得如何？"等等；演讲结束了，一定要用热情的眼神告诉大家：你有信心，你有能力，你可以做好。这样，你的演讲就成功了一半。

小学生给总理写信

2008年
3月
18日

前不久，大家给老师写信。老师收信后，评出了10大金点子，我们的语文课正在发生变化。看来，信的作用还不小。

湖北有一位小学生王孝进，在今年2月份给总理写了一封信。3月9日，他收到了温总理的回信,"请转达我对监利人民的问候,祝孝进小朋友学习进步。温家宝。"

让我们一起来读读王孝进给总理的信(摘录):

我3岁的时候,妈妈离家出走,现在还没回来。爸爸一个人靠给人打零散工养活5个人。家里很穷,我至今还没有一个属于自己的房子。我6岁的时候,因为一场车祸,失去了右腿。爸爸借了几万块钱,给我治病,使家里更穷了。每到开学的时候,爸爸都跟我说,家里没钱,不要我继续读书了。

今年2月,钟老师说,以后上学连书本费也不用交了。老师说,我能继续上学,都是党中央和温家宝爷爷的关怀。我好想谢谢温爷爷。今后我一定会更加努力,不辜负温爷爷对我的希望。……

找一双明亮的"眼睛"

2008年
4月
10日

我们每个人都有一双明亮的眼睛。

每篇课文,也有一双"眼睛",那就是文章的题目。

刚才,我们就课题"天然动物园漫游记"进行了一番讨论:为什么课题不叫"天然动物园"呢?昨天的单元练习中,一些人在变换句式时漏了"漫游"一词。我们一致认为:这个课题不能压缩为"天然动物园",原因是:本文写事,讲述了游览天然动物园的经过。如果不是"漫游",这么大的非洲天然动物园只能干巴巴的介绍,即使描述,也很难下笔。你更不可能知道动物间的趣闻,基马猴跳上长颈鹿的背这样的细节根本发现不了。因此,天然动物园是需要慢慢、随意游赏的。只有"漫游",你才能发现天然动物园的特点,发现语言的美。

既然每篇文章都有一双"眼睛",那么,我们在阅读时,就要抓住课题来读懂文章、发展能力。

同时,我们在作文时,也要给自己的文章找一双明亮的"眼睛",起一个好的题目,吸引大家来阅读。

从"一个"到"一类"

　　学了《东郭先生和狼》后,我们交流感想时有这样一种说法:对狼不能讲仁慈,因为狼本质上是凶残的。这就是课文要告诉我们的吗?当然是,但又不是,你想,生活中谁会救这样一只狼呢? 既然生活中没有,为什么作者还要写,编者还要选入课文呢? 我们讨论的结果是:作者是要我们对像狼这样一类本质上凶残的坏蛋不能讲仁慈。

　　从"一只狼"到"像狼这样的坏蛋",就是我们学习知识过程中的归纳。

　　归纳是一种由特殊(个别)到一般的概括。

　　前两天我们进行单元练习,也碰到了这样的现象:贝聿铭的梦想不是"造24层高的国际饭店",而是要造像国际饭店这样高的大楼。

　　阅读学习中,需要我们具备从"一个"到"一类"的思维方式,这需要我们慢慢学习归纳。

"母亲的语言"

　　母亲就是妈妈,妈妈就是母亲。老师今天想说的是祖国母亲,"母亲的语言"自然是指汉语喽。

　　最近有一件事引起了谈老师的关注,刚刚结束的亚洲博鳌论坛上,巴基斯坦总统穆沙拉夫这样夸奖汉语:"我想,要想让大家报以最热烈的鼓掌,好像是要说中文。"澳大利亚总理陆克文一口流利的"北京腔",引起大会的瞩目。

　　按照国际惯例,国家政要在重要正式场合需使用母语。因此,陆克文等在博鳌竞相说中文,除了表达入乡随俗的善意,更提示我们:汉语正在成为一种超级语言。

如今，台湾的偶像演唱组合 SHE 以特有的方式宣告："全世界都在学中国话，孔夫子的话，越来越国际化，全世界都在讲中国话，我们说的话，让全世界都认真听话。"

汉语早已是联合国六种工作语言之一。在西方，汉语成为加拿大、澳大利亚使用人口最多的第二种语言；美国将中文列为关键外语并且位居第二；英国政府批准资助英国人学习汉语，汉语甚至可能挑战法语的地位……

我们这些炎黄子孙，当然更要学好汉语喽！

走近图画书

2008年
10月
28日

104

图画书，就是有图也有文字的书，以图为主，文字为辅。

看着图画书，我就想起小时候最爱读的连环画。不过，连环画跟我们刚才欣赏的《团圆》不同，以前的连环画都是黑白的，画的也大多是中国的古典名著，老师最喜欢读的就是《水浒传》与《三国演义》了。

不过，现在的图画书真的也很好看。四年级时我们一起看过《爷爷一定有办法》、《猜猜我有多爱你》等。国外很重视图画书的编写与出版，也出了不少好书，比如《一片叶子落下来》。但是，我们这次看的《团圆》不同，它的作者、画者都是中国人，中国人的图画书同样很精彩。

我们看了正式出版的《团圆》，也有幸看到了这本书的草稿与草图。比如第一页：爸爸回家了。画面主题不明确，读者无法通过画面感受到"爸爸回家了"这个情感重心，景物虽然描绘细致，但与爸爸回家的情景平均分布，干扰了主题的表达。于是，画者进行了修改：

到了第二稿。画家对画面进行了整理，使原先凌乱、干扰人视线的因素弱化了，这样读者重心放在了爸爸回家的情景里。但景物还是略显干扰主题，而且画面内容平均，重心不"重"。因此，画者又进行了润色、完善，刻意地把墙壁颜色弱化，使得爸爸回家的主题整体看起来更明确清晰。

最后才是我们看到的图画书——爸爸拖着大红的箱子走在熟悉的小街，街边是小河、鸭子,还有卖草莓的小船。大红灯笼已经挂满了沿街的店面。小孩子们围在卖年货的摊子旁边。妈妈帮着拎包,而"我"呢,已经迫不及待地站在家门口,探出头,一脸的盼望,一脸的喜气……

据编辑介绍,这本《团圆》前后花了 2 年多时间才面世。

这个"怀胎 700 多天"的宝贝,让你想到了什么?

一生的礼物

2009年
6月
1日

今天,每个孩子都盼望着一份礼物。这礼物,每个人想的都不一样:是到锦江乐园玩一天,还是拥有一个芭比娃娃,是漂亮的衣服还是盼望已久的玩具……

老师在这里所说的礼物,则是古今中外名人给的。那就是好书。一生的礼物,除了书,没有其他。

105

昨天,我在五(8)班进行了一次简短的调查:中国古典四大名著《西游记》《水浒传》《三国演义》《红楼梦》的阅读情况,46 个同学,读完 3 本的有 7 人(15.2%),读完 2 本的有 16 人(34.8%),读完 1 本的有 8 人(17.4%)。15 人,一本未读(32.6%)。我觉得,一个小学生,在毕业前能读完其中 2 本原著的,就可以给自己的课外阅读打满分了。当然,作为小学生,还有许多值得读的经典书目,比如《安徒生童话》《一千零一夜》《夏洛的网》。这些书不在小学读完,应该是童年的大遗憾。

我一直跟我的学生说,如果不读书,我至今还是一个农民,我也不会是一个合格的老师。读书,改变了我的命运,也奠定了我事业的基础。但是,我依然遗憾,在小学,在初中,我没有读过以上说到的任何一本好书。

可能有些同学会说,我们都知道读书好,问题是没时间。这种说法对吗?让我们看看世界上最忙的人是怎么挤出时间读书的。为了读书,毛主席把一切可以利用的时间都用上了:战争年代,部队转移到哪里,书就带到哪里,一有空就拿出来看;解放后,毛主席日理万机,办公之余就是看书;就连在游泳下水之前活动一下身体的几分钟里,有时还要看上几句名人的诗词。游泳后,顾不上休息,就又捧起了书本。上厕所的几分钟,他也从不浪费。一部厚厚的《昭明文选》,就是利用这些时间断断续续看完的。毛主席一生读过多少本书?据不完全统计,在毛主席的私人藏书馆里,有阅读批注的就多达 10 多万册。多么勤奋的人啊!多么热爱读书的人啊!多么会挤时间学习的人啊!

放眼世界,在地铁列车里,在公园草坪上,德国人正手捧书本埋头阅读。在德国,读书就像喝啤酒一样平常。美国人业余最喜欢的活动也是读书。美国人很忙,但忙有忙的读书办法,大量图书被录音、制成光盘和磁带,供人走路、开车、健身时听。怪不得美国人在世界上这么牛气,原来人家也是个玩命读书的民族。

做一个快乐的读书人吧!那是我们一生的礼物,谁也抢不走,到死也坏不掉。

师生情谊的营造

徐婉婷让我感动

2003年
11月
25日

今天,徐婉婷让我很感动。因为得了水痘,她两周没来上课。但是,她坚持在家自学,每一天,她都让妈妈来学校抄记作业。今天,她交给了我几个作业本。我算了一下,20来次作业,她没有拉下一次。更让我感动的是,这些作业,没有一点错误。你看,这么多生字,她全自己学会了,没有写错一个拼音,扩的词也全对。更可喜的是,她的循环日记,还获得了小组的第一名。

这样的同学,也一定感动了你。

从徐婉婷的身上,你得到了什么启迪呢?

对 不 起

2004年
9月
15日

今天,我要跟大家说声"对不起"。

昨天,谈老师要求大家打完作文草稿再回家。不巧,昨天放学后是英语晚管班时间,因此,很多同学来不及完成语文作业就回家了。

谈老师没有说到做到, 没有让所有的同学完成草稿,因此请求大家原谅——说了话就要做到,这是我们做人的准则之一。

古人讲,言而有信,说的就是这个道理。

请记住:说了就要做到。

最好的礼物

2004年
9月
21日

今年的 9 月 10 日是第 20 个教师节。在教师节这一天,我们老师都收到了小朋友们送来的礼物。一眨眼,教师节过去了整整 10 天。

小朋友送的鲜花,现在已经枯萎;小朋友送的贺卡,已藏进抽屉的一角。唯有一件礼物,谈老师天天带着,用它记录我每天的得与失,写下我教书的经验与教训。这个双休日,它就陪伴着我参加了《小学语文教师》创刊 200 期纪念活动,它"摄"下了精彩纷呈的课堂,也记下了发人深省的报告。

我相信,它还会陪伴着我,帮助我把工作做得更加出色。

这礼物是一本普通的笔记本(展示老师的记录和随笔)。我要谢谢孙如意小朋友,是她给了我这份特别有意义的礼物。

需要说明的是,大家给老师最好的礼物是好好学习,天天进步。

109

被同学夸奖是甜美的

2004年
9月
29日

昨天,我们回家写了一篇小随笔,夸夸认真学习的同学。李蕾和朱雨茜被大家夸得最多。谈老师读两篇小朋友的习作:

李蕾能歌善舞,聪明伶俐。她可是咱们班的学习委员哦!她十分喜欢读书,无论什么时候,都能把书上的知识记在脑子里。我相信:李蕾总有一天成为大队长!(张玲莉)

朱雨茜同学学习十分认真。上课时,她认真听讲,积极发言。有时我开小差,只要看见她全神贯注的样子,我会马上坐好,聚精会神地听老师上课。朱雨茜还助人为乐,我有困难,她就会主动帮我解决困难。她的字十分好看,作业本总是

干净整洁,还喜欢读课外书。我一定要向她学习!(赵路欢)

李蕾、朱雨茜,你们开心吗?

是的,被同学夸奖是一件甜美的事。

这一次被同学夸奖的还有:蔡锃、黄鹏、张珏懿、胡文宇、金佳峰、沈屹宏、张玲莉、黄毅超、朱艳梅、杨婷婷、陆天翔。

我们同样向这些小朋友表示热烈的祝贺!

我喜欢这样的语文课

昨天,我们一起上了《最珍贵的礼物》。听我们课的有教师,也有领导;有教语文的,也有教其他学科的。

说实话,老师一开始有些紧张,也有些担心。但是,老师很快地放松了,忘掉了还有听课的老师,我的眼里只有你们了。我们读书,讨论,思考问题,发表看法,一堂课就不知不觉地过去了。

我喜欢这样的语文课——

喜欢你们每个人都把小手高高举起,喜欢你们的眼睛喷射着智慧的火焰,喜欢你们投入读书的姿态,喜欢你们默默思考的神情,喜欢你们互相讨论、思维碰撞,喜欢你们克服了胆怯,喜欢你们说"我要补充""我有不同看法",喜欢你们在这样的课上敢于说错话、读破句子、把问题答错。

我喜欢这样的语文课——

最勇敢奖授予李蕾和朱雨茜,最佳点子奖授予彭小雪,最佳新人奖授予祁家豪和沈奕宏,最佳创意奖授予徐靖怡,最佳朗读奖授予叶依依和宋佳欣,最佳合作奖授予王志豪和沈诗慧。最受欢迎奖由你们来评吧——

我喜欢这样的语文课,你们呢?

岁寒三友

2004年
11月
30日

岁寒三友,就是松、竹和梅。

古人把它们称作"岁寒三友",是因为松树、竹子四季常青,经冬不凋,而梅花在寒冷的冬天开放。在万物萧条、天寒地冻的冬天,我们看见松树、竹子和梅花,都要眼前一亮,精神为之一振的。因此,古人把它们当作可以信赖的朋友。

古人还把岁寒三友当作"净友",为什么呢?因为人们能够从它们的身上获得精神的启迪和帮助。

这几天,天冷了,温度下降得很快,人很容易生病。谈老师就感冒发烧了。今天,烧退了,老师就赶来给同学们上课,就是从岁寒三友身上获得了精神的启迪。

让我们都来学习岁寒三友,都来做生活、工作中的松树、竹子和梅花!

111

陆天翔落泪了

2004年
12月
16日

昨天早上,陆天翔同学又没带回家作业。老师很生气,因为他多次犯这样的错了,就在前天傍晚,他还承诺一定要补齐作业的。可是,他食言了。黄鹏、李蕾等好几位同学出于真心,对陆天翔说了好多话。

下课后,谈老师找陆天翔谈话,问他听了同学的建言,有什么感受与想法。陆天翔没有马上回答,想着想着,他的眼睛红了。啊,他的心里一定很难过。过了好一会儿,陆天翔说,沈屹宏的话最触动他,沈屹宏说:"陆天翔,其实你也不笨,但是你要做好每一件事,作业不能拖拉。每天拖拉,怎么行哪?"

陆天翔的这一番话语,尤其是他湿润的眼睛,让我的心为之一动。

而语文课上发生的事更让老师感叹。大家还记得,我们正上着课,陆天翔的妈妈来了,送来了陆天翔的作业,她告诉谈老师:陆天翔今天早上4点钟就起来做作业了!(说到这里,学生都"哇"的一声,把头转向陆天翔,眼光里比平日多了一份钦佩。)

为了这句话,为了陆天翔湿润的眼睛,我想了整整一天。

今天,老师要向陆天翔道歉,并且要告诉你:老师看到了你在努力,我们大家都看到了!请你一定要坚持,坚持完成每天的学习任务,就是了不起的大事!

请同学们相信陆天翔,帮助陆天翔!谢谢!

两个新同学

2005年
3月
21日

有两个好孩子,虽然她们才来不久,但是已经融入了我们这个集体。

她们就是这学期的新同学顾佳艳和金佳雯。这是两个不声不响的孩子,可是,她们积极上进,学习认真,成绩良好,她们写的作文都获得过老师的肯定。在第一次"读故事,续故事"活动中,她们两个人都榜上有名。她们也逐步喜欢上了我们的课堂,热爱思考,积极发言。昨天的语文课上,金佳雯同学就两次举手发言!

老师清楚,在过去的一个月中,两位新同学要适应新的学校、新的班级,肯定有许多我们不知道的艰辛和烦恼,然而,她们用自己的努力融进了我们这个集体。让我们用热烈的掌声表示祝贺,表示敬意!

(2007年11月9日,意外收到毕业一年多的金佳雯送来的鲜花,同事一定要拍下来,说我好幸福。)

听听沈屹宏

2005年
4月
6日

听,左边是一张嘴,右边是一把斧子。可见,听的时候自己要不说话,不插嘴。

认真倾听别人并不容易,因为这意味着我们有了一个宽广、善良的胸怀,有了一颗宽容、高尚的心。

最近我批到沈屹宏同学的一篇小习作,题目是《我不笨》。全文请沈屹宏同学来读一下,掌声有请:

在学校里,同学们都说我笨,很瞧不起我。其实,我并不笨,是因为我不肯动脑子,我只要一动脑子就会变得聪明灵活起来。

希望同学们下一次可别再说我笨了,或是瞧不起我了。如果大家一直这样的话,我会孤独的,而且还会大哭一场的。

请大家和我做一个好朋友吧!谢谢!

要听懂沈屹宏的话,得联系她平时的学习和生活。沈屹宏学习很努力,她一直想做一个好孩子。尽管她现在的成绩不理想,但老师相信今后她能成为一个健康的快乐的人,因此请大家不要再说她笨,更不要瞧不起她,给她更多的信任与帮助,你们愿意吗?

欢迎访问"我们的家"

2005年
6月
21日

　　每个人都有自己的家。现在,我们有了一个新家,那就是因特网上的一个名叫"我爱语文,我爱生活"的帖子。这个家的网址是:http://www.zsxx.sjedu.cn/bbsxp/Default.htm。这是谈老师在学校网站专为四(9)班孩子开辟的一个家园。

　　目前,这个新家已经有了一些内容,大家进去,钱骥同学首先会捧出"一颗糖",请你分享他儿时的一个故事。接下来大家会看到徐靖怡同学设计的"美丽的宝石鞋",请大家"穿一穿",看看她的点子好不好。

　　谈老师当然也是这个家的主人。我会经常发一些你们的文字上去,也请大家发一些自己得意的作文。你来到这个家,可以发表你的看法,说出你的建议。总之不要拘束,说真话,说实话,你来了,我们就欢迎!

　　告诉大家,现在已经有三个客人来我们家做客了。一位叫 sunny 的客人读完钱骥的文章,这样说:读完文章,我感动了。妈妈的话是爱的真情流露啊!我们的教育更是爱的教育,教孩子睁开敏锐的双眼,捕捉生活中爱的痕迹,传递爱的情感。

　　暑假马上要到了,欢迎大家多访问我们的"家",把我们的"家"建设得美丽富饶,让更多的客人来做客,好吗?

给我写信的孩子

2005年
9月
15日

教师节前夕,我们完成了一项特殊的作业,那就是给老师写一封信。很荣幸,很多孩子把信写给了谈老师。宋佳欣同学最近写了一篇习作,说的就是这事,有请她来朗读自己的作文(略)。

谢谢所有给我写信的孩子! 你们的祝福和问候会陪伴着老师,会激励老师好好工作,天天向上!

说起写信,你们是否还记得老师暑假前给大家的最后一次演讲吗? 对,谈老师给你们每个孩子都发了一个信封,在漫长的暑假,你有什么快乐与烦恼需要与老师分享的,请写信给老师。谈老师收到了很多孩子的信,在给一个孩子的回信中,我说,你们的来信让我觉得为师好快乐,为师好幸福!

通信中,我知道了很多孩子的暑假生活,感受了你们对我的关注,柯金洲同学在8月初的那场大台风后给老师寄来了关切与问候,我好感动!

信,拉进了我们之间的距离,也让我们的心走得更近,手拉得更紧!

如果有话要对老师说,你随时找老师,也可以用写信或写便条的方式与老师沟通!

记住,老师是你们永远的朋友!

115

我的牙齿永远地没有了

2005年
9月
21日

大概在十年前,我的一颗盘牙永远地没有了。

早在读大专时,我就发现左边的大盘牙有了龋洞。很遗憾,我没有当一回事,结果龋洞越来越大,多次疼痛后,我才去了医院。更遗憾的事出现了,我的这颗盘牙只能拔掉。随着"咔嘟"一声响,这颗盘牙躺在盘子里,永远地离开了主人。

从此,我吃饭很少用左边的牙齿。

仔细数数,我已经补了好几颗牙齿,补过的牙齿也已经有一二颗出现了问题,需要再去看医生了。

我有了一丝后悔,但后悔有什么用呢?我只能保证今后的日子好好爱护剩下的牙齿了。这是多么难过的一件事情。

昨天是世界爱牙日,医生告诉我们,护牙是一辈子的责任,你每天都两次刷牙了吗?每次刷牙你都有5分钟吗?

对老师不迷信

2005年
10月
24日

今天早读课,谈老师在黑板上写了四个成语:莘莘学子、立雪求道、春风化雨、孺子可教。

我们一起读了这四个成语,还没来得及说意思,出操铃就响了。等大家参加完升旗仪式回到教室,值日生已经擦去了这些成语。

谈老师请大家回忆一下,然后记在自己的积累本上。现在我来说一下大家的学习情况,完全答出并写对这四个成语的有十多位同学,何雨婷、祁家豪也记住了,可惜写了错别字。

为什么读的时候不主动记忆呢?如果老师让你们记,你们才记,这样的学习当然不算会学习。

说到这里,我想起一件事。

一个星期前,我们下发了一篇阅读材料,题目是《繁星》。文字很美,大家也喜欢。作者是谁?我说是"冰心",大家便用钢笔工工整整地抄录在题目的右下角。其实,这是老师故意说错的,我期待着同学们来找老师,告诉老师:"老师,您错了,《繁星》是巴金爷爷写的。"

很遗憾,这么多天过去了,没有一位孩子提出疑问。

不要以为老师说的都是正确的。我们都有大脑和双手,大脑用来思考,双手用来做工。学习就是要学会思考,首先要不迷信老师。

感谢徐靖怡

2005年
11月
7日

前几天,谈老师收到了徐靖怡同学的一封信。

信的全文如下:

谈老师:

我发觉班里有许多同学很不自觉,让他背书,根本没背出来。而您说语文学习要多积累,多背一些好文章。这个学期您让我们背《论语》,经常性积累成语,用意就在这里。还记得您开学时就讲,这个学期将充分信任我们,不再多检查,比如预习课文时朗读要家长签名,以前您经常检查,现在不检查了。您说:"我相信每个孩子,你们也会给我满意的回答。"可是,还是有一些孩子需要督促。我提议在一个大组里选出两位副背书管理员,语文组长则担任正背书管理员。组员背给副管理员。下午第三节下课统计给正背书管理员。正背书管理员统计给科代表,科代表再告诉您。

请批准!

此致

敬礼!

徐靖怡

2005年11月2日

在信的背后,徐靖宜还画出了背书管理流程图。

我要感谢徐靖怡,感谢她以主人翁的精神和态度帮助老师,帮助我们班级。

今天,我们就请大家每组推荐两位背书管理员,以后,请同学们自觉到他们那里背书,好吗?

秘　密

2005年
12月
7日

秘密，一个多么有意思的词语。

秘密，藏在每个人的心里。秘密，你有，他有，我也有。

我要感谢大家对我的信任，把自己的秘密告诉老师。

读大家的《秘密》，真是很开心。比如有位同学小时候跟着妈妈去浴室洗澡，一个人在浴盆里洗，肩膀擦不到，就对妈妈说："妈妈，帮我洗洗翅膀。"再比如有位同学获得了爸爸妈妈的奖励，一起去吃肯德基，他在作文中写道："我们一起吃了一吨美味佳肴。"哈哈，在讲述秘密时，一不小心用错了一个字，这世界上大概只有大象才能吃下一吨的食物吧。

我愿意把这些秘密放在心里，让它们永远都是你我之间的秘密。

"时间"引发的思考

2006年
3月
21日

几个同学关于时间的演讲引起了我对"时间"的思索。

20多年前吧，我还跟你们一般大小，音乐课上，美丽的杨老师教我们学唱《小小少年》。那是一支优美的歌——小小少年，没有烦恼，眼望四周阳光照……小小少年，转眼长大，忧愁烦恼增加了……

我清楚地记得，唱着唱着，我突然愣住了，什么是烦恼呢？"长大"了，又会怎样？想着想着，我不禁急起来，明天啊，你快点来吧！

长大了，还来不及品味感觉，我的儿子都已读两年级了。

时间，真像一只机灵的猫，悄然移动着脚步，迅速而无情！

很多孩子都喜欢《时光老人与流浪汉》的故事，都认为对不珍惜时间的人来说，再多的时间，也可能被浪费。

面对"时间"，很多孩子都有了自己的想法。请看看袁旭峰、徐婧怡和赵路欢的体会：

最好不要在夕阳西下的时候想什么，而是在旭日初升的时候即投入工作。

时间喜欢你来追它；

聪明的人，今天要做完今天的事情；懒惰的人，今天做昨天的事；糊涂的人，把昨天的事情推给了明天做。因此，希望大家做一个时间的主人。

老师为你们有这样的认识而高兴。

"时间"引起了我的思索，引起了你们的思索；世界上，还有许多东西会引起大家的思索。

愿大家多思索，学会独立思考！

我有一个梦想

2006年
3月
29日

119

我曾经读过美国黑人领袖马丁·路德·金在 20 世纪 60 年代的著名演讲《我有一个梦想》，这篇演讲慷慨陈词，极富感染力。我们来听听他的一些话就能有所感觉了：

一百年前，一位伟大的美国人签署了解放黑奴宣言，今天我们就是在他的雕像前集会。这一庄严宣言犹如灯塔的光芒，给千百万在那摧残生命的不义之火中受煎熬的黑

马丁·路德·金

奴带来了希望。它之到来犹如欢乐的黎明，结束了束缚黑人的漫漫长夜。

……

我梦想有一天，在乔治亚的红山上，昔日奴隶的儿子将能够和昔日奴隶主的儿子坐在一起，共叙兄弟情谊。

我梦想有一天，甚至连密西西比州这个正义匿迹，压迫成风，如同沙漠般的地方，也将变成自由和正义的绿洲。

我梦想有一天,我的四个孩子将在一个不是以他们的肤色,而是以他们的品格优劣来评价他们的国度里生活。

……

可见,梦想与理想是姊妹,但比理想更理想。梦想,因为有一个"梦"字,似乎变得虚无缥缈了。其实不是的,你看,40多年过去了,美国黑人的社会地位与影响早已大大地提高了,不是马丁·路德·金时代所能比了。可见,梦想也是可以实现的。

美国华盛顿大学教授、1992年诺贝尔医学奖得主埃德蒙·费希尔11月10日在同济大学演讲台上,忠告中国学生:"除了学习扎实的知识,更重要的是要留点时间去梦想。"他认为把太多信息塞入大脑,会让学生没有时间放松,没有时间发展想象力。

大家都在谈梦想,老师也有一个梦想,那就是做一个值得学生铭记的老师。著名教育家陶行知先生有一句话:"先生最大的成功和快乐,是创造出值得自己崇拜的学生。"这也是我为师的一个梦想。谢谢大家!

120

学习是一件美妙的事

2006年
4月
10日

来上课之前,老师正在听上海师范大学一位教授的报告,报告很深奥,也很有意思,说的是怎样做一个好老师。

老师每天都在忙碌,在这样的时候听一场报告,真是一件很美好的事情。老师的收获当然很多,不单单视野开阔了,识见提高了。更重要的是,在聆听的过程中,我会想起工作中的点点滴滴,发现不足,提炼经验,因此,我会把今后的工作做得更好。

同学们也许很奇怪,老师是教学生学习的,怎么还要自己学呢?

告诉大家一个信息,我们中山小学100多位老师,一半以上的老师都在学习,学电脑,学英语,参加各类培训。每当夜幕降临,或者双休日,我们不少老师就背上包,带上书,去做学生,安安静静地听老师讲课。

今天,是一个需要终身学习的时代。没有一个人,拿到大学毕业证书就可以说"我从学校毕业了，再也不需要学习了"。

上个星期，李蕾等同学都进行了"学习是一种享受"的演讲。我特别欣赏大家从作业、考试中寻找快乐、发现快乐的探索。我也特别羡慕李蕾同学无忧无虑的学习："最好就是周末了。坐在阳台上，手里端着茶，一边看课外书，一边听音乐，读着名家作品，细细品味，多好的享受啊！"

多好的享受啊！学习就是这样一件美妙的事情！

我愿意把著名作家王蒙先生《我的人生主线》一文中的有关语段送给大家：

学习最明朗，学习最坦然，学习最快乐，学习最健康，学习最清爽，学习最充实。……学习使我不悲观、不疯狂、不灰溜溜也不堕落，而且不虚度年华，不哭天抹泪，不怨天尤人，不无可奈何，不无所事事而且多半不会为人所制。不会被人剥夺的事情就是学习，就是学习学习再学习。

表扬高悦

2007年
1月
10日

名字里有个"高"，个子不高，脸上总是带着微笑，每天到校，就为大家忙个不停，有时，晚上也要留下来为老师收本子。对了，你们知道我在表扬高悦。

高悦是一位学习踏实的好孩子。每次作业，她总是及时完成，字迹工整，书写美观。

高悦是一位工作负责的好孩子。每一天，她都帮助老师收齐本子，为此花费了很多休息时间。老师要谢谢她。

正因为以上两个原因，高悦同学才会在这次考试中取得前十的好名次。

高悦同学让我想起了我们这个学期学过的一句名言，那是富兰克林说的：

诚实和勤勉，应该成为你永久的伴侣。

老师跟你说寒假

快乐的寒假跟我们说再见了,先跟你说说老师的寒假吧。

喜事:过春节,回老家,看老人,贴对联,放鞭炮,穿新衣,祝福满天飞,真是高兴。春节到了,发送祝福短信再次成为我们上海市民首选的拜年问候方式。今年除夕上海市短信发送量共达 5.746 亿条, 相当于市民每人收发了 32 条短信。以下是 2007 年新春最受欢迎祝福短信第一名:金猪送福送吉祥,奥运福娃来帮忙:贝贝送你谷满仓,晶晶送你亲满堂,欢欢送你事如意,迎迎送你身安康,妮妮送你福寿长。祝你新春快乐,好运无限!

难忘的事:老师喜欢体育,偶尔看看篮球与足球比赛。美国 NBA2007 全明星赛在拉斯维加斯进行。由于伤病的原因,姚明加入 NBA 以来第一次成为了全明星的看客。但是,姚明依然西装革履,出现在全明星赛场。当他的西部全明星队友走向替补席,他每次都站起来问候队友。而足球,因为球迷闹事,一位意大利警察殉职;中国国奥队经过几十天的欧洲拉练,在香港贺岁杯中点球不敌牙买加,但收获了自信,主教练杜伊有信心带领中国足球在 2008 年奥运会上取得好成绩。

引人关注的身边事:上海经济增长目标 15 年来首次定在两位数以下:2007年上海将把提高经济增长质量和效益放在更加突出位置,全市经济增长的预期指导性目标定为 9%以上。如果说以前上海追求又快又好,那么现在则是又好又快。

国家大事:构建和谐社会。去年召开的中共十六届六中全会,提出构建社会主义和谐社会的决定。和谐社会是一个充满创造活力的社会,是各方面利益关系得到有效协调的社会,是社会管理体制不断创新和健全的社会,也是稳定有序的社会。

国际大事:2 月 13 日,日、韩、朝、中、美、俄六方会谈各代表团团长握手合影。当日,历时 6 天的第五轮六方会谈第三阶段会议在北京落下帷幕。根据会谈达成的共同文件,六方同意根据"行动对行动"原则,采取协调一致步骤,分阶段落实 2005 年 9 月 19 日六方会谈通过的共同声明。

这就是老师寒假中印象最深的几件事。你印象深的有哪些呢？请大家来告诉我吧。

老师认领了两棵树

2007年
3月
12日

小时候，我种过一棵桃树。每年春天来临，当初人们随手扔掉的桃核就开始发芽，为了一树红红的甜甜的桃子，乡下孩子看到顶出地面的桃树苗都要挖回家。我不但积极参与，而且成绩显著，每年都挖很多。上面说到的桃树挖来时才像豆苗一样，只有三张叶片，小得很，不要说掐了，就是碰得不巧，它都可能夭折。它和同类们摇摇摆摆地在院子里成长。我浇水，偶尔也施施肥，但大多数桃树苗并不领情，生命力也太弱，仍然一棵接一棵地死去。最终，物竞天择，这一棵终于活了下来，越长越高。

有一天，父亲嫌院子太小，把它搬迁到西墙去了。有了更多的阳光更多的风雨，这桃树长得快些了，但到碗口粗的模样时，还未开花。后来我才知道，这是毛桃的种，必须嫁接。因此我一直没有吃到自己种出的桃子，却给了母亲一个方便，她把竹竿架在树上晒衣服，真是让我伤心的歪打正着啊！

老师来上海工作后，春天到了便要花30元钱，认养一棵树。今年，应该已经种下了两棵树。我不知道我的两棵树种在哪里，但是它们一定快快乐乐地生长着。

123

说说学雷锋

2007年
3月
13日

跟你们一样大小的时候，我也在学雷锋。

怎么学雷锋呢？中午学，放了学也学，到了星期天还要学。大多数时候，就是拿了一个扫把，到处扫地。我印象很深的就是扫工厂门前的水泥地，不一会儿就

能扫干净。于是,在小本子上记下一件好事,标明时间、地点、事情。班级里的同学你争我赶,好事不断涌现。

最美好的回忆是帮助一位老奶奶。这位老人住在不大的房间里,一间厨房,一间卧室。每次去,她满是皱纹的脸上就像盛开了菊花一样,开心得不得了。我们帮她打扫卫生,还帮她拎水,把水缸装得满满的。这位被我们称作上海娘娘的老人还会摸出些糖果,作为礼物奖赏给我们。从她的身上,我真正体会到了什么叫助人为快乐之本。

因此,学习雷锋,一定会让自己快乐。"予人玫瑰,手留余香",说得就是这个意思。

124

让我感动的一幕

2007年
6月
15日

中午吃过饭,我刚要出食堂。门口涌进一批孩子,一看,就是三(4)班的,他们有的拿着笔记本,有的拿着笔,干吗呢?

一会儿,他们就逮着了工人老伯伯——每天中午,都是这位老伯伯打扫教工食堂的。孩子们找他有什么事呢?我正疑惑着。孩子们已经把笔塞到老伯伯手里,老伯伯正乐呵呵地在写着什么。哦,我猛然想起,孩子们在问身边的人们的姓名呢!果然,一会儿,这群孩子就拿着笔记本,兴高采烈地跑出来,他们急着要去问第二个、第三个身边的人的姓名呢!

身边的这些工人,几乎每天见到,但我们都不知道他们的姓名。现在,4班的同学已经行动起来了,这真是让我感动。

生命，是一颗宝石

学完了《我的第二次生命》，很多同学同学写下了心得体会：

沈心宇这样写：……给病人捐肾、捐肝，是伟大的。就像课文中的爸爸一样。正是这些有爱心的人，让本来绝望的病人获得了新生。他们让我们感动。如果我们的生活中多一些这样的人，那么每年失去生命的人会减少，我们的世界将会变得更加美好。

李晓蕾同学有新的感悟，她说：生命像什么？像一列火车，它带我们去领略大自然的风光，带我们去感受人生真谛，去感受家的味道。生命只有一次，生命是由时间组成的。如果你想珍爱生命，就必须学会珍惜时间。

张智弈同学则这样看待生命：生命是我们人生中最可贵的东西。每一个人的生命只有一次。荣华富贵的人想用金钱来买第二次，我在这里郑重地告诉他，这是不可能的。有的人不遵守交通规则，有的人酒后驾车，有的人还闯红灯，这些人的下场只有两种：第一种下场就是受伤，第二种下场就是失去生命。所以我们要从小养成不乱穿马路、不乱闯红灯的习惯。

在老师看来，生命，就是一块石头，有人精心打磨，把自己炼成了一颗宝石；也有人，得过且过，于是，灰尘越积越多，最终没有发出一丝光芒。

愿大家都珍爱生命，让生命熠熠生辉！

中 秋 月

2007年
9月
25日

昨夜,老师拉开窗帘,月亮已经高挂在天边。月光皎洁,使我想起儿时的童谣:八月十五月儿明,爸妈忙着做米饼,菱角、鸭梨加月饼,月亮仙子你爱谁?

老师的中秋,好不开心,原因只有一个,可以吃到月饼。盼到八月十五那一天,在月亮升起来之前,家家户户都会摆上一张大大的方桌,上面摆了野菱、花生和月饼。方桌上,一定有一盆的水,那一轮明月升空以后,盆里的水面上就会浮现另一轮月亮。据说,那是祖祖辈辈传下来的,象征着日子过得吉祥、圆满。

现在,老师已经很久没有跟父母亲一起过中秋了。几乎每个中秋都是上班的日子,而我们又在外工作,于是,每年只能在满月下打一个电话,问候一声。这就是苏轼诗里说的"千里共婵娟"吧。

今天大家可以回家,跟爸爸妈妈一起吃月饼,赏圆月,请大家珍惜这样的时候。

善于学习的刘启鸿

2007年
12月
7日

刘启鸿同学今年转入我校学习,三个月来,他不但很快地融入了我们这个集体,而且有着积极突出的表现,有好几件事都让我们刮目相看。

第一件事,那天我们学完了第26课"家乡的桥",课后有几张桥的图片,这几座桥都是上海的,分别叫什么桥呢?多数孩子都不知道。刘启鸿举手了,三幅桥的图片,他能说出、写出两座桥的名字:城隍庙九曲桥、外白渡桥。刘启鸿来上海不过几个月,对第二故乡竟然有了这么多的了解,多会学习!

前几天,我们学习"泼水节的怀念",泼水节有一个传说,刘启鸿也知道:那是很早以前有一个无恶不作的魔王,他霸占了美丽富饶的西双版纳,并抢来七位美丽的姑娘做他的妻子。姑娘们满怀仇恨,合计着如何杀死魔王。一天夜里,年纪最小的姑娘侬香用最好的酒肉,把魔王灌得酩酊大醉,使他吐露自己致命的弱点。原来这个天不怕、地不怕的魔王,就怕用他的头发勒住自己的脖子,机警的小姑娘小心翼翼地拔下魔王一根红头发,勒住他的脖子。果然,魔王的头就掉了下来,变成一团火球,滚到哪里,邪火就蔓延到哪里。竹楼被烧毁,庄稼被烧焦。为了扑灭邪火,小姑娘揪住了魔王的头,其他六位姑娘轮流不停地向上面泼水,终于在傣历的六月把邪火扑灭了。乡亲们开始了安居乐业的生活。从此,便有了逢年泼水的习俗。

可见,刘启鸿同学平时是经常看书的。

这样善于学习的孩子当然值得我们学习!

给别人方便
就是给自己快乐

2008年
2月
25日

127

很多年前,谈老师还刚走上讲台,我读到了班上一个孩子的作文,题目叫《让座》。我喜欢这个做好事的孩子,一直把这篇作文留着。后来,过了2年,老师把它推荐给报社,结果还得到了编辑的青睐,这篇习作变成了铅字。

我想,编辑把它发表出来,更多的是看重这个小作者金子般的心吧。

后来,一个经历让我更觉得让座的可贵。那时,谈老师一个人在浦东工作。我儿子谈笑还小,读幼儿园中班。有一次他跟着妈妈来浦东看爸爸。从西郊动物园上了936路车,没有座位,就一直站着。后来谈笑睡着了,妈妈只能抱着,坐哪儿?坐公交车的走廊。就这样,一直过了2个小时,才见到我。

这件事让我感到震惊,也感到愧疚。

前几天,也就是22日,北京把这个日子定为了"让座日"。在公交车上经常让座的乘客,将有机会获得奖励。

"让座日"的出现,在提醒我们,坐公交车、乘地铁,要帮助需要帮助的人。

让出一个座位,也许意味着你成了别人记忆里终身难忘的好人!

谢谢你们的鼓励

这个星期,全班 55 个孩子给谈老师写了一封信,很多同学都在信里说:"老师,你给了我们这个机会,我们可以把平时不敢说的话说出来了。"真的要感谢大家,感谢大家对老师的信任,有的同学在信里表扬老师,有的同学则提出:"老师也有缺点,要改哦。"无论是肯定,还是批评,都是喜欢老师的表现,老师都会记住你,谢谢你!

从三年级开始教大家,一眨眼,已经一年多了。500 个日日夜夜,我们成了一起学习的伙伴,大家也肯定了老师的许多做法。这里,老师归纳大家喜欢的十大做法,分别是:

1. 开展"读书小明星"活动;

2. 语文课上鼓励发言,提供辩论;

3. 批评学生心平气和,不伤大家自尊心;

4. 学习、作业优秀实施奖励制度(星星换礼物);

5. 利用光盘、录像、磁带等上课;

6. 无论作业还是发言等,老师都比较宽容,允许我们犯错误;

7. 经常演讲,让我们知道国事天下事;

8. 讲一些语文笑话与幽默,尤其是体育课后的语文课;

9. 组织活动后再写作文;

10. 利用"心电图"让我们自我教育。

既然是大家喜欢的,那么,老师就要再接再厉,把这些活动进行到底!

谢谢你们的金点子

2008年
3月
13日

昨天感谢了大家的鼓励,今天还要感谢很多人提出的金点子。为什么叫它金点子呢?因为你们提的很多建议,包括意见,都很真诚,也很正确,能够帮助老师把书教得更好。

谈老师选了十个金点子,你的在里面吗?

1. 午管时间多来班级,最好带点课外书,如果没空,可以培养3个小助手:一个管理班级纪律,一个批改错题,第三个管理背书;

2. 让语文课更加有趣点:作文时采用游戏或活动形式,还可以到教室外面上课,有时可以表演课本剧;

3. 继续采用每周之星(或者点数、积分)鼓励大家语文学习,也要奖励进步大的同学;

4. 要让更多同学举手回答问题的方法有:提问不举手的;开火车回答问题;一课发言再多也只计算一次,否则有的同学一直数自己发言的次数,不能投入学习;

5. 每个组设2个语文组长,可以合作,可以救急;

6. 在听本上写话;课堂上讨论的问题;

7. 请老师找不做回家作业的学生家长谈话;

8. 及时布置回家作业,不要让班主任吴老师放学时着急;

9. 继续采用"心电图"帮助学习;

10. 学习积极、进步的请发小礼物。

其中第9、第3个金点子,老师昨天已经实行了。欢迎大家平时通过各种途径给老师出点子。

129

悄悄的变化

在过去的几天里，一些孩子正发生着悄悄的变化。

第一个是陈晨同学，他交给老师的作业让我耳目一新，卷面变清晰了，字也端正了，正确率也提高了。

第二个是顾鑫同学，自从他家长来学校跟老师长谈一次后，他就变了，作业再也没有不交过。

还有杨杰林同学，他的作文《游黄兴公园》写得具体、生动，很多同学没有注意到的景色被他留意了，我们一起来听听：

跟着导游，我们边走边欣赏周围的美景：草儿快乐地伸展着手臂；大树欢笑着长出嫩绿的新叶；鸟儿叽叽喳喳地在枝头跳跃；花儿争相把美丽让人们欣赏……

当我们来到湖边，那景色更让我们陶醉。河边，柳树抽出了绿色的长辫子，桃花笑红了脸，小草纷纷钻出地面；湖面上，小燕子斜着翅膀掠过；清澈见底的水中，一只只小蝌蚪在追逐嬉戏，小鱼儿自由自在地游弋；天空万里无云，蓝得仿佛洗过一般……

还有牟佳馨，已经练起了行楷，每天一页，从不间断；还有高悦，上讲台演讲，声音响亮，仪态大方；还有俞佳怡，动作快了，作文长了……

啊，老师都要说不过来了。

春天已经悄无声息地来到了我们身边，花草树木正发生了悄悄的变化，把大自然打扮得更加美丽；而我们，也正悄悄地变化，成长，让我们的生活变得更加美好！

感动我的声音和人物

"家事国事天下事事事关心",这是我们烂熟于心的一条名言。最近两天,我们关注四川大地震,每天搜集两条有关消息,记载下来,成为我们的特别作业。

连续三个晚上,老师都在看中央电视台的直播节目。昨天晚上,一个嘶哑的声音、一个倒下的身影让老师尤为感动。

这次地震的震中是汶川映秀镇,这里几乎成了一片废墟。昨天下午,温总理来到这里,察看灾情,看望受灾群众,慰问解放军。温家宝用嘶哑的声音对聚拢过来的当地干部群众说:"你们受苦了,地震发生后,党中央、国务院非常关心汶川的老百姓,时刻惦记着这个地方。……看到你们现在的困难,看到死伤的群众,我们心里非常难过……我们要想一切办法把伤员救出去,今天下午已经救出50多名伤员。公路不通就用直升机……"

倒下的身影是一位老师。在绵竹市遵道镇,地震发生后,这个镇的欢欢幼儿园发生整体垮塌,而此时80多名孩子正在午睡。一位叫瞿万容的老师扑在地上,用后背牢牢地挡住了垮塌的水泥板,怀里还紧紧抱着一名小孩。小孩获救了,但瞿老师永远离开了孩子们。

一个嘶哑的声音,一个倒下的身影,成为地震灾难中感人的一幕,永远留在我的记忆里。

老师曾经害怕上讲台

金风送爽,丹桂飘香。这是谈老师走上讲台的第16个秋天了。

也许有人问我,老师,你爱站在讲台上,给我们上课吗?

我的回答当然是肯定的。

但是,10多年前,我有一个大大的、重重的心理阴影,那就是不敢上台。

为什么呢?因为一次失败。

那是读师范一年级(相当于高一)时,刚从农村来到县城读书的我有机会代表班级参加学校的演讲比赛。

我抽到了两个题目,一个是"我为什么选择师范",另一个是"啊,青春"。那时候,我只知道演讲就是到台上去,把自己想说的说出来就可以了。于是,我选择了"啊,青春"。结果可想而知,我"跌"在了台上——这个我一辈子要站立的地方。

整个演讲,只是讲了几句,我就感觉到了台下的骚动,然后,议论声越来越大,伴随着一些人的指指点点。我再笨,都已感觉到自己的演讲出了问题。以致到后来,我都垂下了自信的头颅。对不起,我都记不得自己是怎样下台的。

从此以后,我见讲台就害怕,哪怕是高一点的舞台或土丘,都会引起我的心理障碍。

后来,我终于弄明白了自己失败的症结,那是因为我根本不是演讲,而是抒情——这样的抒情应该写在本子上,写成诗歌,而我却因此成了校园里的笑柄。

再后来,我想,为什么会这样呢?因为我从来没有接受过任何的培训,我不知道演讲为何物。这样的失败实在是"罪有应得"啊!

而在我今天看来,我的失败之根应该在中小学。我永远忘不了,自己读小学5年,没有发过一次言。全班同学也没有发过一次言。因为老师从来没有要求我们发言。到了中学,情况略有好转,但几乎差不多。

突然要这样的一个人去上台,去演讲,能成功是太阳从西边出来啊!

好在慢慢地,当我踏上工作岗位,成了一名光荣的人民教师,我才慢慢地摆脱了这一心理障碍。

说这个故事,是希望大家经常思考,踊跃发言!毕竟,现在的老师一天不知要给你们多少次发言的机会啊!

天下大事的相告

请读安徒生

安徒生，一个亲切的名字。白雪公主、海的女儿、卖火柴的小女孩等等，安徒生爷爷笔下的人物那么鲜活，让人过目难忘，终身牢记。

明年的 4 月 2 日，将是安徒生爷爷诞辰 200 周年纪念日。据报道，安徒生 2005 基金会，将在世界范围举行大型庆典，来纪念这位伟大的作家。

上海已经行动起来了。本月 10 日，纪念安徒生诞辰 200 周年中国地区纪念活动已举行隆重的开幕式，"点燃下一根火柴"系列活动正式在中国开始。

据说中国的这次活动缘起于一群波兰孩子的信，他们在 2003 年给安徒生写了一封信！信是这样的：

"您的故事让我们找到了生活中真正重要的东西，帮助我们用不同的方法观察世界。现在，我们能够发觉人们的痛苦，同情那些被不幸困扰的穷人，和为倾听鸟儿的叫声而感受快乐。"

安徒生早已不在人间了，但是他因为作品已经获得了永生。在孩子的眼里，安徒生爷爷永远年轻，永远活着。

老师年幼的时候不知道有安徒生，也没有人告诉我世界上还有一个安徒生。因此，安徒生童话是谈老师长大后才读的。我感觉，安徒生爷爷的童话属于所有的大人和孩子。每读一次他的童话，我都有新的感受。

请大家再去读安徒生，也像那几个波兰孩子一样，好好倾听安徒生爷爷！

"今天我交不成作业了"

12月23日的《南方周末》上登了《成都晚报》记者曾颖写的一篇文章,题目是《"今天我交不成作业了"》。

记者讲述了11月26日发生在四川什邡市的一起歹徒大白天劫持人质的事件。当时,一个陕西西安人在大街上行窃被发现,被众人围住后,眼看逃脱无望,他决定顽抗到底,将旁边一个躲闪不及的小男孩拉入怀中,用刀抵在孩子脖子上,并且在小男孩的耳朵上划了两刀,鲜血顺着小男孩的脖子往下流,染红了他的衣裳。

义愤填膺的群众一拥而上,将歹徒制服,把小男孩从他手中抢了回来。小男孩至多十一二岁,脸上还闪着惊惧和恐慌。120急救车来了,医生扶他上了救护车。小男孩刚踏上车沿,像突然想起什么事似的,他对医生说:"叔叔,借你的手机用一下。"大家都以为他要给爸爸妈妈报个平安,没料到小男孩接过手机之后,对着手机说:"老师,我被人劫持为人质,还割了两刀,要到医院去医治,今天的作业交不成了!"

好一句让人感动的"今天的作业交不成了"!好一个勇敢的孩子,负责的孩子!

让我们向他学习!向他致敬!

一起面对海啸灾难

这是有史以来最大的一场海啸大劫难。9级地震激起冲天海浪,席卷东南亚、南亚、非洲12国。截至昨天晚上,死难人数已经超过了15万。

在灾难面前,发生了许多感人的故事:

一位伟大的母亲。当海啸奔袭泰国克拉比岛海滩时,游客们纷纷夺命而逃,但瑞典母亲卡琳发现她的 3 个孩子还在远处的海里玩得正欢,于是她不顾死亡威胁向自己的孩子奔去。旁边的人们不断警告她"快离开海滩",但为了孩子,这位伟大的母亲置若罔闻,继续向前飞奔。在卡琳离孩子们只有 20 米远时,一个巨浪将他们全都吞没,卡琳像发了疯一样迎着咆哮的海浪冲了过去。海浪将卡琳掀到了一块高地上。正当她绝望时,卡琳突然发现她的 3 个孩子全都站在附近一块更高的高地上,她简直惊呆了。有人说,是这位母亲的爱感动了上天。

一个英国小女孩。她凭借自己在课堂上学到的知识,在大海啸中救了几百人的性命。这位小英雄名叫缇丽,海啸来临当天,她正与父母在泰国普吉岛海滩享受假期。就在海啸到来前的几分钟,缇丽的脸上突然露出惊恐之色。她跑过去对母亲说:"妈妈,我们现在必须离开沙滩,我想海啸即将来临!"她说她看见海滩上起了很多的泡泡,然后浪就突然打了过来。这正是地理老师曾经描述过的有关地震引发海啸的最初情形。老师还说过,从海水渐渐上涨到海啸袭来,这中间有 10 分钟左右的时间。起初,在场的成年人对小女孩的预见都是半信半疑,但缇丽坚持请求大家离开。她的警告在沙滩上传开,几分钟内游客已全部撤离沙滩。当这几百名游客跑到安全地带时,身后已传来了巨大的海浪声——"噢,海啸,海啸真的来了!"人们在激动和惊恐中哭泣,争相拥抱和亲吻他们的救命恩人缇丽。当天,这个海滩是普吉岛海岸线上唯一没有死伤的地点。

还有在海啸中出生的已经取名为海啸的孩子,还有我们熟悉的中国武术演员李连杰勇救 4 岁女儿及家中保姆……

在海啸面前,全世界都团结起来,踊跃捐资捐物救助灾区,我们中国还派出了数个医疗队,奔赴救灾一线。温家宝总理也承诺,中国将继续给灾区提供 5 亿人民币的援助。

记住这次灾难!记住我们都是人类的一员。

《千手观音》是怎样练出来的

今年中央电视台播出的新春联欢晚会精彩纷呈，我最难忘的莫过于中国残疾人艺术团表演的《千手观音》了。《千手观音》被评为"我最喜爱的春节晚会节目歌舞类一等奖"，甚至被认为是春节晚会有史以来最成功最动人的一次演出。

21个人，42只手，变幻莫测，把我们带到了神奇的世界；在美轮美奂的音乐陪伴下，我们震惊，我们陶醉。由无声世界里的人们带来的舞蹈，引发的是5分54秒的全体屏息的安静，以及此后长久的赞誉和惊叹。

5分54秒，对于我们来说并不算长，而对于21个聋哑演员而言，却意味着不知要付出多少的心血和汗水。每堂音乐课，老师都把音量调到最大。演员们有的趴在地板上，耳朵紧贴地面；有的趴在音箱上，双手扶着音箱去感受音乐节拍……至于表现舞蹈主题的千手，更是百炼成钢，21个人身体紧贴，手与手之间距离还不到1寸，但他们能在1秒钟内完成一个动作，同时还保证整齐、统一、漂亮地出手。没有不怕吃苦的精神，没有坚强的毅力，怎么可能完成呢？更主要的是他们具备了团队精神。21个人始终一起训练，一起跑步，一起吃饭，一起生活，一起游乐，做到了21个人拥有一个心脏，一种呼吸。领舞女孩邰丽华在接受采访时就这样说过："我只是整个团体中的一员，团体中的每一个演员和工作人员都是十分优秀、出色的。"

如果我们也有他们一样的精神和毅力，我们一定会给身边的人一个惊喜，给世界一个惊讶！

学会保护自己的权益

2005年
3月
15日

谈老师想起了两个故事：

一个是我的外甥阳阳。有一次，他从小店买了干吃方便面，由于食品已经过期，导致中毒晕倒，紧急住院治疗才脱险。

另一件事发生在我自己身上。有一次来了一个朋友，因为看了电视广告，某饭店就餐时啤酒免费畅饮，于是就去了。结果付款时发现，所谓免费畅饮只限于指定的一种啤酒，而我们喝的啤酒不但没有便宜，反而较其他饭店贵一些。这样，我们只能"哑巴吃黄连——有苦说不出"。

无论我的外甥，还是我，我们都没有学会保护自己作为消费者的权益。

只要你用钱购买、使用商品或服务，你就是一个消费者了。消费者有许多权益，主要有四项：有权获得安全保障；有权获得正确资料；有权自由决定选择；有权提出消费意见。这些权益是美国前总统约翰·肯尼迪提出来的，现在已经为世界各国消费者组织所公认，并作为最基本的工作目标。

今天是 3 月 15 日，每年的这一天就是"国际消费者权益日"。我国也已经在 1993 年通过了《中华人民共和国消费者权益保护法》，自 1994 年 1 月 1 日开始实施。

但愿你是一位聪明的消费者，有一双火眼金睛，学会用法律来保护自己的权益！

"战神"巴蒂斯图塔

2005年
3月
23日

老师喜欢足球。老师有自己喜欢的球星，阿根廷巨星巴蒂斯图塔就是我最爱的人之一。

爱巴蒂,因为他刚毅,不在困难面前屈服。巴蒂斯图塔绰号"战神"。我特别喜欢"战神"这个绰号,它几乎概括了巴蒂的全部。在他的脸上,我们看到的只有刚毅和信念。这张面孔是足球场上斗士的标签,他那头飘洒不羁的金发,更是对足球运动力量和壮美的经典演绎。

爱巴蒂,还因为他忠诚。巴蒂在有"小世界杯"之称的意大利足球甲级联赛十余年,只效力过两家俱乐部:佛罗伦萨和罗马。最让人感动的是从 1991 年起,巴蒂和佛罗伦萨一同经历风雨,两年后佛罗伦萨队遭遇降级,劳德鲁普们离开了,但年轻的巴蒂决定留下来与球队一起参加乙级联赛,一留就是 9 年。巴蒂成了忠诚的代名词。在佛罗伦萨,人们为这个异乡人在体育馆门外竖起塑像。疯狂的球迷甚至提议选举巴蒂成为市长。巴蒂离开时,佛罗伦萨球迷哭了,巴蒂也哭了。巴蒂爱自己的家庭,在妻子眼里,他是个粗线条的人,却记得爱人的每一个纪念日。

爱巴蒂,更因为他的泪水。2000 年 11 月 26 日,穿着罗马红色球衣的巴蒂来到了紫色的佛罗伦萨,终场前他用标准的巴蒂进球刺穿了老东家的大门,进球后的巴蒂没有欢呼,没有庆祝,他只是定定地站着,把脸深深地埋在双手和长发中,任由泪水从指间滑落。2002 年夏天,第三次出现在世界杯上的巴蒂多了份沧桑,6 月 12 日日本仙台的那个下午,就在巴蒂被换下场后仅一分钟,瑞典人斯文森一脚美妙的弧线让整个世界都为阿根廷队落泪了,壮志未酬的巴蒂此时情不自禁双手掩面,热泪直流。

请记住巴蒂斯图塔,记住他在 2005 年 3 月 15 号对祖国媒体发表的告别声明——在仅有 147 个的翻译文字里,巴蒂三次用了"感谢"。

这是一个以足球为生命的人,也是一个把生命献给足球事业的人!

139

宽容的涅莫夫

2005年
3月
25日

涅莫夫是俄罗斯男子体操名将。

去年的雅典奥运会上,男子单杠决赛正在紧张而激烈地进行。28 岁的涅莫夫第三个出场。他一串连续腾空抓杠的高难度动作征服了全场观众,但在落地的刹那出现了一个小小的失误——向前移动了一步,裁判因此只给他打了

9.725 分。

此刻，奥运史上少有的情况出现了：全场观众不停地喊着"涅莫夫"、"涅莫夫"，并且全部站起来，不停地挥舞手臂，用持久而响亮的嘘声，表达自己对裁判的愤怒。

比赛被迫中断，第四个出场的美国选手保罗·哈姆虽已准备就绪，却只能尴尬地站在原地。

面对这样的情景，已退场的涅莫夫从座位上站起来，向朝他欢呼的观众挥手致意，并深深地鞠躬，感谢他们对自己的喜爱和支持。涅莫夫的大度进一步激发了观众的不满，裁判被迫重新给涅莫夫打了 9.762 分。可是，这个分数不仅未能平息观众的不满，反而使嘘声再次响成一片。

这时，涅莫夫显示了他非凡的人格魅力，他重新回到赛场，举起右手向观众致意，并深深地鞠了一躬，接着，他伸出右手食指做出噤声的手势，然后将双手下压，请求观众保持冷静，给保罗·哈姆一个安静的比赛环境。

涅莫夫的宽容，让中断了十几分钟的比赛得以继续进行。

比赛结果出来，涅莫夫虽然没有拿到金牌，但他是观众心目中的无冕之王。他没有击败对手，但是以自己的宽容赢得了全场观众乃至全世界的尊重。

两位尊敬的客人

2005年
5月
9日

前天，上海迎来了一位尊贵的客人，那就是台湾亲民党主席宋楚瑜先生。5月5日开始，宋先生率领亲民党访问团对大陆进行长达9天的访问。他把这次访问称作"搭桥之旅"。

在之前，我们还迎来了另一位尊敬的客人：连战先生。连战先生率中国国民党访问团在4月26日至5月3日先后访问了南京、北京、上海等地。

连战在北大演讲时寄语北大学子"为民族立生命，为万世开太平"，提出"大家一定要'坚持和平'，我们大家一定要'走向双赢'。"

宋楚瑜在西安黄帝陵祭祖时发表演讲，说："我们不必去验DNA，在台湾，不分河洛人、客家人和外省人，我们的文化、血缘都是本于同一血脉。"在南京拜谒中山陵时希望"两岸一家亲，让中国人活得了不起"！

这两位尊敬的客人是来"搭桥"的，给海峡两岸搭一座沟通的桥，和平的桥，繁荣的桥，幸福的桥。连战先生、宋楚瑜先生"来的不易"，他们的勇气、他们的人格、他们为中华统一作出的努力，历史会永远铭记！让我们向他们表示无限的敬意和真诚的感谢！

4月29日下午，胡锦涛主席握住连战的手，说：我们要向世界表明两岸的中国人有能力、有智慧解决彼此的矛盾和问题，共同争取两岸关系和平、稳定、发展的前景，共同开创中华民族的伟大振兴。

这是大陆13亿人加台湾2300万同胞，我们所有中国人共同的心愿！

历史上的今天

2005年
5月
11日

历史上的今天发生过什么值得纪念的事件呢？

老师查阅了有关资料，现在把结果与大家分享：

1864年5月11日，《牛虻》作者伏尼契在爱尔兰出生；1901年5月11日，世界第一起交通罚款在美国出现；1950年5月11日，我国与丹麦建交；1978年5月11日，《光明日报》刊登"实践是检验真理的唯一标准"……

其实，走进我们学校的大门，就能看到一块很大的电子显示屏，我们每一天都能发现"历史上的今天"。

老师为什么说是"发现"呢？因为这些事情都发生在以前，不接触，你就一无所知。

这两天谈老师对"二战"讲得比较多，为什么？查查历史，你就知道，在60年前的5月8日，纳粹德国正式签署无条件投降书，"二战"欧洲战场战事宣告结束。

我们不但要关心自己的学习和成长，也要关心身边的事、上海的事、国家的事、天下的事；不但要关心历史上的今天，更要关心世界今天和明天要发生什么事。谈老师送顾炎武先生的一副对联给大家：

风声雨声读书声声声入耳，家事国事天下事事事关心。

今天是国际护士节

今天是国际护士节。这个节日纪念的是医务护理创始人南丁格尔。

南丁格尔生于意大利,后来随家迁居英国。1850 年,南丁格尔不顾家人的反对,毅然前往德国接受护理训练,她成了一名出色的护士。在克里米亚战争期间,英国的战地医院没有护士护理伤病员,士兵死亡率高达 50%多。南丁格尔主动提出申请,率领 38 名护士亲赴前线,在 4 所战地医院服务……仅仅半年左右的时间,伤病员的死亡率下降到了 2.2%。她一时成了英国传奇式的人物。南丁格尔慈祥可亲,在黑暗的深夜,她还常常手持油灯巡视病房,无微不至地关爱着每一个伤兵。伤兵们十分感动,为了表示对她的崇高敬意,一致亲切地称呼她为"提灯女士"。1860 年,南丁格尔还创建了世界上第一所正规护士学校——南丁格尔护士学校。

1912 年,国际护士理事会倡议以南丁格尔的生日 5 月 12 日为国际护士节,以此纪念这位英国护理学先驱、人类护理事业的创始人。同年第 9 届国际红十字大会上批准设立南丁格尔奖章。

说到这里,我就想起了 2003 年的那场非典。那时候,我们害怕非典,唯恐避之不及,但是白衣天使们——可亲可敬的护士冲在最前线。她们穿着厚厚的防护服,口罩戴了一层又一层。她们有亲人,但不能回家;为了更多人的健康安宁,她们天天冒着被感染的危险。像蝴蝶一样翩然逝去的叶欣,总是流着泪写"护士长日记"的张积慧,我们无法不为她们感动,无法不为她们叹息。看着一批批倒下,又一批批往前冲的医护人员,感受着她们为我们筑起的抗非长城,我们由衷地赞美她们,敬佩她们!

当时红十字国际委员会为了激励中国抗击"非典"的一线医护人员,破例授予叶欣护士长南丁格尔奖章。

护士的工作是平凡的,但也是伟大的!

谁的妈妈或亲人是护士,请举手。请你用打电话等方式表达我们的问候与祝福,祝她们节日快乐!

142

让和平鸽永远飞翔

　　60年前的9月3日,是一个特别的日子,是值得炎黄子孙铭记的日子。在这一天,侵华日军总参谋长向中方代表送递投降书。8年抗战,8年浴血奋战,终于迎来了激动人心的胜利。

　　60年后的9月3日,来自俄罗斯、美国、朝鲜等22个国家的206名"二战老兵国宾团"成员和116名中国抗战将领、老战士聚集到北京朝阳公园,共同签署《北京和平宣言》,并为"北京和平墙"揭幕。北京和平墙矗立在北京朝阳公园的湖畔半岛,三面环水,总长60米,象征着反法西斯战争胜利60周年。和平墙由16块绵延连接的独立墙体组成,正面用中、英、俄、法、西五国文字镌刻着《北京和平宣言》。

　　这是中国老兵陈晓爷爷(出示刊有照片的《新闻晨报》),他满头银发,正在向会议致辞,照片上的他正在向"二战"老兵敬礼,因为年已耄耋,他的军礼不再标准。让我们来聆听他的发言:

昨天,

六十年前,我们作为军人,

亲历了一场世界大战;

今天,

六十年后,我们作为幸存者,

是那场战争的最后见证人;

明天,

为了子孙后代更加美好的明天,

我们郑重留言:

"热爱生活,珍惜和平"。

这一天,中外老兵代表揭开了围在"北京和平墙"上的红色帷幕,上千只和

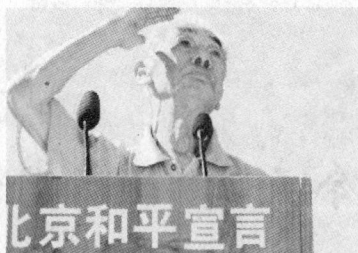

143

愿和平鸽永远飞翔在自由的天空！

日本的一次性筷子涨价了

2006年
5月
11日

昨天的《环球时报》以"日媒体称中国限制森林砍伐日本筷子价格飞涨"为题，摘发了日本《每日新闻》的一篇文章。该文称，受中国筷子限产影响，现在日本一次性筷子价格飞涨。

关于中日筷子贸易，有几个数字，我们不能不知道：日本每年从中国进口200多亿双一次性筷子，占进口总量的99%，为此中国每年须砍掉250万棵大树。而日本的森林覆盖率为65%，是我国的5倍，但他们却明令禁止用本国的林木加工一次性筷子。换句话说，我们以严重的森林资源消耗，为日本的高森林覆盖率作出了巨大贡献。

听到这些数字，大家一定非常震惊！250万棵大树，需要多少年才能长成啊！十年树木，砍树容易种树难啊。

好在我国政府出台了新的消费税法，对实木地板、一次性筷子等提高了税收，因此森林将得到更加优质的保护。

日本的一次性筷子涨价，实在是一个好消息！

144

今天是"世界问候日"

2006年
11月
21日

老师在教导处办公，经常会有人来电话，老师接听电话，第一句话就是"你好"。

老师在校园里走动，听到同学喊"谈老师好"，我一定会点头、微笑，回一句"你好"。

每逢周四，早晨，谈老师在校门口值班。大家背着书包来上学，进校门，弯腰，问声"老师早"。而老师呢，也弯腰说声"早"。一早下来，老师大概要说千把个"早"字，要弯数百次的腰，虽然嘴有些干了，腰也有些酸了，但老师心里高兴，大家都懂得做一个有礼貌的人。

今天是世界问候日。世界问候日开始于 1973 年 11 月 21 日，至今已 33 年了。让"你好"、"请"、"谢谢"等礼貌用语常在我们嘴边，擦亮一年三百六十五天。

"你们并不孤单"

2006年
12月
4日

12 月 1 日是世界艾滋病日。

艾滋病，是一种难以治愈的病，因此很可怕。患了艾滋病的人，常常被身边的人看不起，甚至没人愿意跟他们说话。其实，艾滋病是不容易传染的。

姚明曾经陪伴艾滋病患儿，给他们带去欢乐。

145

今年 12 月 1 日，在中国的首都，中南海，党中央办公所在地，我们的国家总理温家宝邀请了来自河南、云南、辽宁、安徽和山西等地的 15 名艾滋病致孤儿童和患儿，欣赏这些孩子画的儿童画，跟他们一起唱歌、座谈。座谈中，温总理对孩子们说："你们不会孤单，因为有好多人在关心你们。"

是的，患了艾滋病，是不幸的；但是，患病后，遭遇人们的鄙视，才是最大的不幸。如果我们的身边也有了艾滋病患者，那么，你会怎么做呢？

美国人包揽了
今年的诺贝尔奖

2006年
12月
11日

诺贝尔奖几乎是世界上最有影响的大奖。每一年，我都很关注哪个国家的科学家或文学家获奖了。今年，我再次被震惊了。因为，2006 年的诺贝尔科学奖又全部被美国人收入囊中。

请大家注意,从 1901 年诺贝尔奖首次颁出以来,获奖者中,几乎没有哪一年少了美国人的身影,美国人也不止一次地包揽过三大科学奖。

为什么每年的诺贝尔奖项总少不了美国人的身影,特别在科学奖上他们多次"大满贯"?

谈老师查了一些资料,大概有三个因素:

一是美国科学家们享受高度自由的氛围,此次化学奖得主科恩伯格说,"我可以 10 年潜心在自己的领域内钻研,而没有任何压力迫使自己出成果"。

二是充足的资金支持。美国是世界上最富裕的大国之一,更重要的是政府、机构舍得把钱投到科研上去。

三是美国人的科学意识。美国是由移民建立的国家,为了生存和发展,他们需要不断创新。创新首先得重视科学研究,于是提倡和鼓励科学研究成了美国人的一种普遍意识。

这些都是值得我们中国学习借鉴的。

146

"白鳍豚可能被人类消灭了"

2006年
12月
15日

很小的时候,我就知道白鳍豚是我国的重点保护动物,它是一种比大熊猫更稀有的美丽动物,特产于中国长江。它们已经在长江中生活了约 2500 万年。在渔民眼中,它是可以呼风唤雨的女神。

2006 年 11 月初,由中、美、日等 6 国科学家组成的考察队从武汉出发了。他们乘着两艘大型考察船,在长江中下游往返 3400 公里,为期 39 天。参与者都是国际顶尖级鲸豚类研究人员,比如长着大胡子的美国人罗伯特·皮特曼博士,曾在野外见过 70 多种鲸豚类动物;英国动物学家沙米尔,具有超人的野外观察能力;日本著名动物声学专家赤松友成还带来了两套"水听器",可以保证方圆 300 米内白鳍豚的声音毫无遗漏。

此后的 39 天,每天从天亮开始,科学家们就

目不转睛地盯着江面,直到日落。甲板最高处被改装成观察台,3 名主观察员在前,手持 7 倍望远镜,分别监视左、中、右 3 个方向。观察员每半小时轮换一次位置,90 分钟一班,休息 90 分钟后再进入岗位。每隔 50-100 千米,科考队还要进行一次水样、泥样采集。考察船还使用 GPS(全球定位系统)确定航线,按每小时 15 公里的速度执著地寻找。

但是,历经 39 天的搜索,他们没有发现白鳍豚的任何踪迹。

"白鳍豚可能是历史上第一个被人类消灭的鲸种。"考察结束后,国外专家这样宣称。

这样的考察,这样的话语,让我们感到脸红,感到不安。

初中生发明了盲人电话

2007年
1月
17日

147

上海有一个初中生,很有心,她注意到对门的盲人阿婆打电话很不方便。这位阿婆孤身一人,每次打电话都找她帮忙。有时她家没人,阿婆不得不自己拨号,结果经常打错电话,白白浪费了电话费,有时还被人抱怨、责骂。

这位初中生看在眼里,急在心里,她想设计一个盲人也会用的电话。起初,她尝试在键盘上刻盲文,但不少盲人不会使用盲文,而且手指一按键盘就开始拨号了,一旦摸错便无法更改,非常不方便。

这位初中生并没有放弃。有一天,她做数学作业,使用带语音报数功能的计算器时,突然获得灵感:可以让电话机先发音、后拨号,分两步走。在学校科技老师的指导下,她开始在旧电话机上拆装试验,在普通话机键盘上安装一块语音线路板,就改装成了双层键盘:上层键一触就响,当拨到想要的数字时,再用力按下层键,才正式拨出号码。这种辅助装置成本不到 1 元钱。

这位同学带着盲人电话机参加第 21 届全国青少年科技创新大赛,获得一等奖。更重要的是,她设计的电话得到了市盲人协会的肯定,这电话对盲人有很大帮助,完善后一定会有很大的市场。

这位同学叫孙丽。

同学们,目前上海有近 10 万盲人,我们祝愿为盲人服务的特殊电话早日诞生,为盲人们带来方便与欢乐!

我们的总理能随口引用古诗

最近,全国两会结束了,我们的总理温家宝爷爷接受中外记者的采访。

总理在回答提问时,用了不少古诗句。我们一起来欣赏一下。

"日中是一衣带水的邻邦。中国有一句古话,召远在修近,闭祸在除怨。"温总理谈中日关系。"召远在修近,闭祸在除怨"出自《管子·版法》,大意是:要招纳远方的人们,就要先整治好国内;要避免祸乱的发生,在于消除人怨。

"要实行教育和惩治并举的方针,让每个干部和领导者懂得水能载舟,也能覆舟。"温总理谈反腐败。"水能载舟,也能覆舟"出自《荀子·哀公》篇,后来被唐太宗李世民用来告诫后人,久之成了李世民的"名言"。这句话的含义很直白,就是把一个政权看作"舟",而百姓是"水"。意思大致等同于"得民心者得天下,失民心者失天下"。

一国的总理总是很繁忙的,更何况中国的总理。但是,我们的温家宝爷爷能够记得那么多古诗句,能够在接受采访时随口出这些古诗句,真是让人佩服!

看来,我们从小要学古诗,记古文,把中华民族优良的文化基因吸收到自己的血液中去。

"水稻像高粱"

有人曾说,中国农民吃饭靠"两平",一靠邓小平的责任制,二靠袁隆平的杂交水稻。

据统计,到 2006 年止,我国累计推广种植杂交水稻 56 亿多亩,增加亩产

5200多亿公斤。近年来，全国杂交水稻年种植面积2.4亿亩左右，全中国年增产的稻谷可以养活7000多万人口。7000多万，这个数字意味着什么呢？它是全世界每年新出生的人口数量的总和。

袁隆平对中国和世界的贡献，用"伟大"二字并不过分。

1980年，杂交水稻作为我国第一项农业专业技术转让给了美国，为菲律宾等30多个国家培养了500多名杂交稻专家。从90年代起，袁隆平协助联合国粮农组织推广杂交稻，全世界越来越多的人感受到了袁隆平带给他们的实惠，在告别饥饿的同时，记住了"袁隆平"这三个字。袁隆平也被世界公认为杂交水稻之父，先后获得了国家最高科学技术奖等10多项国家奖励，获得了全国劳动模范等10多项国家荣誉。我国还将一颗小行星以他的名字命名，去年，他还被美国科学院聘为院士。

这个70多岁的老爷爷还是天天到田里去看秧苗，日有所思、夜有所梦，他曾梦见试验田中的杂交稻长得比高粱还高，稻穗比扫帚还长，谷粒就有花生米那么大，沉甸甸下垂着。千万个穗子，好似气势磅礴的大瀑布，袁隆平和助手就坐在禾下乘凉。

这真是一个美好的梦想！让我们记住这样一个老爷爷，记住这样一个梦！

149

没有水喝怎么办

2007年
6月
4日

没有水喝，那该怎么办？

我们从来没有想过的这个问题，在江南明珠无锡市却成了很多人的问题。

由于太湖蓝藻暴发，无锡的自来水发臭，市民只能排队灌水，甚至到超市抢购纯净水……有报纸说，这是无锡的一场灾难。

而灾难的制造者是谁？专家指出，蓝藻暴发是由于水中磷氮过量造成的富营养化逐年加剧，而磷氮过量是由污水过量造成的。

人类没有水,将会怎样,这是我们不可想象的。

明天就是世界环境保护日。请大家爱惜每一滴水,用好每一升水。

关了空调和霓虹灯

11日晚上9点整,繁华的都市澳门,主要建筑物、商业场所等一齐关闭外墙装饰灯,时间有5分钟。

12日,首都北京,刚刚迎来高温天气,中央国家机关各部门、各单位却停开空调,六层以下办公楼停开电梯一天。

这是干什么呢?

节能!

澳门的这一活动是"节能周"的重头戏,别出心裁,唤起市民的节能意识,将节能文化融入日常生活和工作细节上。

北京的活动则响应中央的号召,是节能宣传周的活动内容之一。一位国家工作人员说:"这一天让我们感受到没有能源会很难受。"

不错,这只是一时的难受,如果不注意节约能源,我们总有这样的时候,每时每秒都难受。

了不起的天地对话

"我们的地球看起来和以前有什么不同?"

"我们看到有很多火在燃烧,也看到有云、雪和高山。但对我来说没有什么不同。"

"在空间站看星星是什么样子的?"

"星星不再像地球上看来那样闪烁。因为没有大气层,没有污染,所以显得更清晰。"

你也许听出来了,这是地上的人跟天上的国际空间站的宇航员之间的对话。

很早以前,中国人就渴望飞天,《西游记》里的玉皇大帝等天上的神仙便是中国人的想象。中国也已经有杨利伟等三位英雄上过天。但是,充满问号的人类,尤其是青少年,依然对"天上"好奇。

8 月 26 日,中国南京,在一所普通中学,一群中国学生首次利用自己的业余电台与国际空间站宇航员进行对话。国际空间站距地球有 300 多公里,能联系上里面的宇航员,可以问问题,还得到他们的回答,这是多么激动人心的体验!

这一切要感谢无线电波,感谢 ARISS,由美国业余无线电联盟(ARRL)、国际业余卫星组织(AMSAT)、美国国家宇航局(NASA)等共同发起。它和著名的太空微重力实验计划一样,是 NASA 面向青少年的科技教育项目之一。

这次天地对话进行了 9 分 22 秒,据说,为了这 9 分多钟,很多人付出了汗水与智慧,准备工作进行了一年半。

151

上海书展,你去了没有

2007年
9月
5日

书的盛会,书的海洋,爱书者的乐园,这就是今年的上海书展。

8 月 18 日,老师全家来到世贸商城,参与上海书展。第一感觉,收获真大,从早晨到傍晚,我们在里面整整呆了一天,图画书、连环画、地图、音像……这里应有尽有,让人目不暇接。最后我们购买了 300 多元的书,满载而归。

这次书展有 10 万余种图书,250 项文化活动,最后实现 2500 万元销售额。这次活动还让读者走近科学大师,四楼的人民科学家钱学森院士风采展既有他用过的闹钟,也有文字与图片,还有专题片,展示了钱学森的爱国精神和高尚品德,以及勇于创新、求真务实的科学精神。

我的第二感觉,路难走,到处是人,摩肩接踵,有时寸步难行。选书、买书都要抓住机会,挤进去,抽下来,再翻阅……买书时,也要排队。据统计,为期一周

的上海书展,迎来了 19 万申城及来自全国各地的读者。最受读者欢迎的"明星"是百家讲坛主讲人、中学历史老师纪连海。纪老师 18 日在上海书展上一口气签了 3000 余册图书和 DVD,将备受关注的娱乐明星"超女"、"好男儿"统统打败。

我的第三感觉,明年,我们还要去。你呢?

寻找外星人

2007年
10月
15日

小时候,我就对外星人充满了好奇,我甚至盼望,某个晚上,月明星稀,能有一架飞碟,降落在我身边,那是多么不可思议的一件事!⋯⋯后来,《飞碟探索》成了必看的杂志。

最近,老师从《解放日报》上了解到,人类对星外文明的好奇与追寻从未停歇,多少年来,孤独的地球人不断地进行远距离的生命探测,期望着从浩瀚的宇宙中寻找到伙伴。

在美国,首个专门为搜索地外文明建造的大型射电望远镜阵列将在本周启用,开始全天候监听"天外来音"。据说,这 42 个碟形天线建在人迹罕至的一座高原上,可以免受大部分地球的无线电波干扰。

一位科学家说,之所以将搜索重点放在无线电波上,是因为任何一个高等文明都离不开发达的无线电技术。比如在 2003 年至 2004 年,有关科学家曾三次发现了同一频率的神秘信号,目前还是不能确定这些信号来自哪里。

同学们,我们期待着,当我们接听到另外一个文明的信号时,我们的世界一定会随之改变。

认识我们国家的领导人

2007年
10月
23日

党的十七届一中全会选举出了我们国家新一届中央政治局常委，也就是国家领导人。我们熟悉的胡锦涛担任中央委员会总书记，胡锦涛、吴邦国、温家宝、贾庆林、李长春、习近平、李克强、贺国强、周永康为中央政治局常委。

这9个名字，有的我们很熟悉，有的可能还稍感陌生。因此，老师希望大家这一个星期能看看电视新闻，读读报纸通讯，进一步了解我们的国家领导人，走近他们。

老师在这里用两位网友的短信表达内心的喜悦——

新一届领导集体任重道远，使命光荣伟大，愿伟大祖国更加富强，明天更美好。

153

中央新一届领导，他们用行动见证了国家的发展，他们用思想推动了中国的前进，他们用理想和信念引领着国民，他们用一生誓言坚守不变承诺，我们相信伟大的中央领导集体，我们祝贺杰出的中央国家领导。

成功啦！成功啦！

2007年
10月
25日

今天一大早，就有同学跑来告诉谈老师，"嫦娥1号"发射成功！

是的，昨天18:05，我国用长征三号运载火箭将"嫦娥1号"卫星成功送入太空。

老师上网查阅了有关这次发射的新闻资讯，觉得有些事情值得告诉大家——

第一，发射震撼人心。距发射现场一公里的人感到地动山摇；火箭点火起飞约 20 秒钟以后,钻入云层,火箭尾部还拖出一条龙型云链,这道云链太漂亮了!

第二,"嫦娥 1 号"月球探测器重 2315 公斤,其中有一半左右的重量是推进器的重量。"嫦娥 1 号"到了轨道以后,要在围绕地球飞行时进行三次变轨。

第三,总指挥栾恩杰会写诗。这位科学家对中国古典文化,特别是诗词方面有着浓厚的兴趣,曾出过一本诗集,写下过"唤得威风八面,我志问天九层"这样豪情万丈的诗行。据说这位总指挥每次到试验场都落泪,他自己说:"航天是个风险性极大的事业。我已经不知道去过多少次试验场了,每次去几乎没有不落泪的时候,成功了高兴得落泪,失败了痛苦得落泪。"

第四,"嫦娥 1 号"冲破塔架,直冲云霄,远离地球,奔向月球,这标志着我国在深空探测、月球探索领域迈出了重要一步。上海航天专家韩宏印表示,经过几代人的不断努力,若干年后人类可能就会居住到月球上了。

美丽的大剧院

2007年
11月
26日

请大家欣赏中国国家大剧院。

跟你们的感受一样,我第一次见到中国国家大剧院的图片,也是叹为观止。

中国国家大剧院就在举世闻名的北京人民大会堂西侧,整个大剧院就像一个鸡蛋,漂浮于人造水面之上。"蛋壳"当然是钢结构,是目前世界上最大的穹顶。穹顶上安装有蘑菇灯。夜幕降临时,夜空、星光、静水、球幕、灯岸、倒影,国家大剧院呈现出别具一格的美丽夜景。

穹顶之下,便是蛋壳之下的三颗"蛋黄"。这三颗"蛋黄",从东到西,分别是音乐厅、歌剧院、戏剧场。

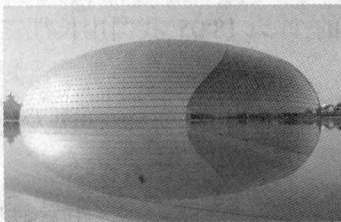

剧院里,和观众最亲密接触的就是观众席了。这里的每个座椅下都有空调送气孔。观众在观看演出时,感受不到气流的存在,却能享受到空调带来的舒适。此外,座椅安有消声装置,即使观众中途离席折叠收椅,也不会发出声音。

如果你到北京去,一定要去看看夜色中的中国大剧院,别忘了拍几张照片,给大家欣赏。

宏伟的大桥

浩瀚的江面上,一座大桥犹如长龙,飞向另一岸……

这就是上海长江大桥。前天,大桥主塔顺利封顶。

有一次,偶然间,老师从报纸上看到这座在建中的大桥,一下子被震惊了,多么宏伟,多么了不起的大桥!

上海长江大桥主桥基础主跨730米,在同类桥梁中位居中国内地第三、世界第五。大桥主塔由48个节段浇筑组成,高212米,就像屹立天地间的巨人。主塔造型不同于杨浦大桥的倒Y型,也不同于徐浦大桥的A字型,更不同于南浦大桥的H型,而是形如"人"字,平直的桥面从腰际穿过。

上海长江大桥连接上海市陆域、长兴岛、崇明岛,并与江苏海门、启东相连,北接江苏省宁通启高速公路。大桥跨江段10公里,全桥长16.5公里。

据介绍,上海长江大桥将于2008年6月实现全桥结构贯通。届时,我们可以乘汽车到长兴岛看振华港机,可以到崇明岛看湿地、望大海。

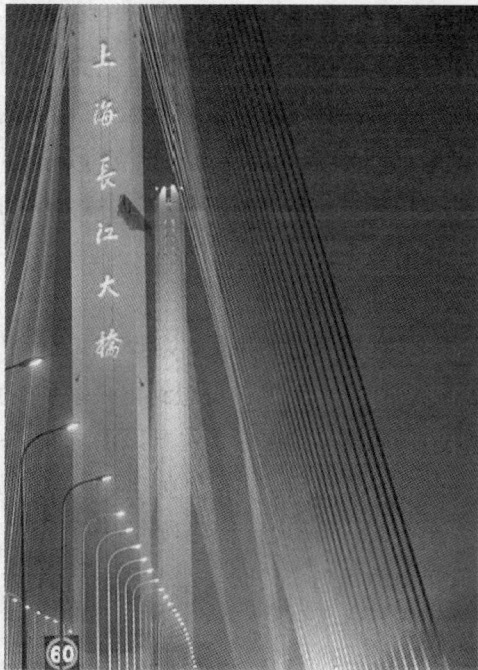

感动上海的真情故事

2007年
12月
19日

最近,新华社、上海市文明办等推荐了 20 位候选人,请大家来评选出 10 位 2007 年度真情人物。老师在这里介绍几个感人肺腑的故事:

柏剑,24 个孩子的单身"爸爸"。柏剑是辽宁鞍山市二中 34 岁的体育教师,还没有结婚却陆续收养了 24 个因贫困而辍学、体育成绩优秀的孩子,成为这 24 个孩子的"爸爸"。一个月两千多元的工资,勉强维系着这非亲非故的一家人的生活。11 年来,他抚养的孩子中已经有 5 个考上了体育学院。他最大的梦想是希望有孩子能在奥林匹克的殿堂上为中国升起一面五星红旗。

陈吉,四年接送"重症肌无力"同学的好兄弟。家住浙江宁波的初三男孩谢斌患有"重症肌无力",无法独立行走甚至无法站立,行动不便。他的同学陈吉主动承担起每天早出晚归、接送谢斌上学和放学的任务。每天背着他上上下下,上三楼的教室,上厕所,打饭……甚至自己生病也不例外,从小学五年级开始,一直坚持到现在初三。

于莲梅等青岛市民,发起"水果行动"救治妞妞的好心人。张贵明夫妇在青岛经营一个水果摊,没想到留在家乡的女儿妞妞却患上了急性淋巴性白血病,夫妻俩因筹不到医疗费终日以泪洗面。一位经常光顾水果摊的社区居民于莲梅得知这一消息后,开始为他们奔走筹款,她的女儿也在青岛"青青社区论坛"上,发出《多买一斤水果,多留她一分钟》的倡议。整个青岛被震动了——张贵明的水果摊前排起了长队。在青岛市民的"水果行动"中,18 个月大的妞妞已经脱离了生命危险。

罗映珍:用爱唤醒丈夫生命的好警嫂。罗映珍和丈夫罗金勇都是云南永德县的公安民警。2005 年 10 月,罗金勇在与三名毒贩的搏斗中致重伤,成了植物人。从那天起,从没给丈夫写过信的罗映珍开始每天给丈夫写情书、记日记,并读给他听。700 多个日日夜夜,罗映珍记了 15 本日记,写下 600 多篇情书。终于有一天,罗金勇有了知觉,并写出了受伤后的第一行字:罗映珍我爱你!

……

如果你听了这些故事，看了这些故事，也请你投出庄严的一票。

南京大屠杀

2007年
12月
24日

"当年，我只有八岁，现在我已经八十岁了……敌人的机枪向人群扫来，血把沟里的水染得通红。前头尸体七横八竖，挡住了我。"（教导总队第三营营部勤务兵唐光谱）

"亲眼看见 10 人 1 批、10 人 1 批被日本兵枪杀。从早晨到傍晚，还有六七百个人未被枪杀，日本兵就把他们一起赶到河口，用机枪向他们狂射……"（幸存者陈德贵）

"鬼子顺手就把刺刀，朝我弟弟屁股上头一刺刀，一挑，摔得老远的。"（幸存者常志强）

"他们问你们要怎么死法？你们是要用机枪扫射、用步枪打，或是用汽油烧、燃烧弹烧死呢？还是用刺刀刺死呢？"（幸存者骆中洋）

"我的伤口严重感染，长时间流血流脓，头发与脓血粘结在一起，生了蛆虫。三年后，才基本愈合。但是，肩部留下了较大的伤疤，每到阴雨天，仍隐隐作痛。"（幸存者倪翠萍）

大家也许不知道，这些爷爷奶奶讲述的就是不堪回首、惨绝人寰的南京大屠杀。

1937 年 12 月 13 日，日本侵略军占领南京，对中国军民进行了长达 40 多天的大规模屠杀，共有 30 万以上无辜市民和放下武器的士兵惨遭杀害。

今年 12 月 18 日，是南京大屠杀 70 周年祭。11 月 2 日，南京大屠杀幸存者夏淑琴来到南京理工大学，面对数百名大学生，讲述起自己在南京大屠杀中的痛苦经历后，说："我没有读过书，今天看见大学生感到非常高兴，你们是国家的希望，只有靠你们，国家才能富强。"

我们不忘历史，与所有爱好和平的人们一同创造美好未来。

海宝与世博会

2007年
12月
25日

这是什么?(请学生看海宝图片)

一撮翘起的头发,像翻卷的海浪。微笑的卡通脸蛋,不但友好而且充满自信。圆圆的眼睛,充满着对未来的期待。身材圆润可爱俏皮,它翘起了大拇指,仿佛是在欢迎和赞美全世界朋友。

这个蓝色精灵就是上海世博会的吉祥物。它的名字叫"海宝"。

你们觉得它像什么? 对,汉字"人"。它告诉我们,世博会的核心理念永远都是我们——人。创造美好城市生活的主体是"人",享受美好城市生活的主体也是"人"。

以下是海宝的自我介绍:

我就是中国 2010 年上海世博会的形象大使;我的名字叫"海宝",海宝海宝——就是"四海之宝"。我的"爸爸"(设计师)说:"海宝"叫起来朗朗上口,和我大海般蔚蓝的肤色相呼应,既象征着举办地是东海之滨的中国上海,又体现了中国民俗的吉祥称谓原则。今天,我要用热情的双臂、自信的微笑,欢迎来自世界各地的朋友。

2007年的喜怒哀乐

2008年
1月
3日

我们来回首 2007 年。

最高兴的是中国首次探月圆满成功。"嫦娥 1 号"发射入围英国《自然》杂志评出的 2007 年九大重要科技新闻。11 月 26 日"嫦娥 1 号"成功传回第一幅月面图像数据。同样的喜事还有香港回归10周年等。

2007年让人愤怒的是兰州姑娘杨丽娟，疯狂追星，家庭为之倾家荡产，而她的父亲也跳海自杀。老师想，大家有喜欢的歌星等，但得把学习放在第一位，因为你像一株生机勃勃的植物，需要知识、智慧的阳光雨露，还不能让游戏、娱乐占据你太多的时空。

2007年最让人悲伤的是我国9名工人在埃塞工地遭袭身亡。不要忘记，当你的爸爸或妈妈开着汽车送你上学，那汽油就可能是从非洲进口，有亲爱的叔叔为此献出了生命。不要忘记，我们每个人的幸福生活背后许多人在付出。我们应该用一颗感恩的心，去面对这个世界。

2007年，老师记住一个特别的孩子：张慧敏。去年夏天，她花55天从海口跑到北京。这个孩子，还和以前一样，每天训练跑30公里。最近，小慧敏还要分别参加海口和厦门的马拉松比赛……

2008年，让我们"家事、国事、天下事事事关心"。

昨晚，老师流泪了

2008年
2月
18日

昨天晚上，老师流泪了，不是一次，而是几次。

我已经不记得，什么时候我哭过了，但是，在观看中央电视台直播"2007感动中国十大人物"时，我的眼泪止不住地流、流、流！

去年11月30日，军人孟祥斌带着妻子和女儿到金华市区购物。在经过通济桥时，一名轻生女青年从10多米高的桥上跳下，孟祥斌一边冲向桥边，一边脱掉身上的衣服，跳水救人。10分钟后，前来救援的摩托艇渐渐靠近了他们，孟祥斌用尽最后一丝力气将女青年托出水面，交到救援人员的手中，自己却沉入水中，28岁的年轻生命陨落了。

你们一定还记得，那个把植物人丈夫唤醒的警嫂罗映珍。2005年10月1日，她和民警丈夫罗金勇回家探望父母，途中罗金勇与3名毒贩殊死搏斗，身受重伤，成了"植物人"。从那以后，罗映珍每天守候在丈夫身旁，含泪写下了600多篇爱的日记。现在，罗金勇已从深度昏迷的植物人状态中苏醒过来。

英雄试飞员李剑英在训练结束下降途中发生意外。在生死攸关的 16 秒里，李剑英看到飞机下方的密集的村庄和人群，毅然决定改跳伞为迫降。为了保卫蓝天下的 7 个村庄、三千多条生命，他放弃跳伞，用一种极其悲壮的方式诠释了什么叫做英雄，什么叫做男人。

55 岁的谢延信是河南焦作的一名普通工人。1973 年，刘延信(后改姓为谢)与同村姑娘谢兰娥喜结良缘。第二年 7 月，谢兰娥去世前，嘱咐丈夫要好好照顾自己的爹妈和智障兄弟。此后，刘延信付出了 33 年的忠贞与孝心，成就了一个大孝至爱、感天动地的谢延信。1979 年岳父患重度脑中风，家庭的重担全部压在了谢延信的肩上。他的女儿这样讲："父亲的一生没有得到多少物质享受，他的生活好像只有两个字，那就是'付出'。"

十大感动中国人物还有：钱学森、闵恩泽、钟期荣、胡鸿烈、陈晓兰、李丽、方永刚。

160 周总理是个好总理

2008年3月3日

请大家听一首歌，《你是这样的人》。

把所有的心装进你心里，
在你的胸前写下，
你是这样的人。

把所有的爱握在你手中，
用你的眼睛诉说，
你是这样的人。

不用多想，
不用多问，
你就是这样的人。
真情有多重，

爱有多深。

唱的是谁？对，是周恩来总理。

2月29日，中共中央等在北京隆重集会，纪念敬爱的周恩来同志诞辰110周年，深切缅怀他为党、人民、国家和人民军队建立的丰功伟绩，学习他的革命精神和崇高品德。

周总理出生于19世纪末年。当时的中国，民不聊生，青少年时代，他就立志"为了中华之崛起"而发愤读书。

周总理始终热爱人民，他把自己看成人民的"总服务员"，只要是关系群众安危冷暖之事，他总是关怀备至、体贴入微。哪里有灾情，哪里群众有困难，他就及时出现在哪里。1973年，他重返延安时，目睹群众生活仍然贫困的情景，禁不住潸然泪下，痛心地自责对不起老区人民。1975年，大手术之后，他依然牵挂着远在千里之外的云南锡矿工人的健康。

周总理一生勤勤恳恳、呕心沥血、任劳任怨，一天工作时间超过12个小时，有时在16个小时以上。即使在病重住院的生命最后时期，他还抱病操劳国事。他说："死我并不怕。古人说，人活七十古来稀，我已是七十七岁多的人了，也算得上是高寿了。可是这二十几年的时间，总应该把国家建设得好点，人民的生活多改善一些，去马克思那里报到，才感到安心。现在这种状况去报到，总感到内疚、羞愧。"

逝世前，他交代说："把我的骨灰撒到江河大地去做肥料，这也是为人民服务。活着为人民服务，死后也要为人民服务。"周总理为人民的事业"鞠躬尽瘁，死而后已"。

人民总理爱人民，人民总理人民爱。

窦桂梅老师来我校了

2008年
3月
27日

刚刚过去的这个星期天，北京的语文特级教师窦桂梅老师来我校上课。她带着五年级学生，走进了安徒生的童话《丑小鸭》。

课后，五年级学生说："上这样的课，是一种享受。"

台下的老师说："听这样的课，收获太大了！"

窦老师告诉我，她所在的清华大学附属小学的许多故事，这里给大家讲几个：

在清华附小，每学一个新字，老师都会告诉孩子这个字本身的意义，让汉字自己"讲故事"。很多孩子写"武"总是要多添上一撇。这时，老师会巧妙地告诉孩子，虽然"武"意味着争斗，"撇"就像那把刀，但中华民族热爱和平，希望"放下屠刀，立地成佛"。

在清华附小，每名老师每天都必须写一张钢笔字帖，板书和批语的字迹，都将成为老师工作考评的一部分。

学生读写，老师写同题作文。在清华附小，每个语文老师们每月至少交两篇随笔，布置孩子写作文，必须自己也完成一篇同题作文。

看来，我们还真得向那里的老师好好学习！

请让你的亲人
不要在公共场所吸烟

2008年
3月
31日

谈老师读报时，看到一条触目惊心的消息：上海的控烟形势难言乐观。目前人群平均吸烟率为 25.22%，其中男性吸烟率为 49.92%。

的确，在车上，在商场，在很多公共场所，我们都能发现，"瘾君子"们肆无忌惮吞云吐雾，甚至不少医生也在病人面前旁若无人地吸烟。老师不抽烟，也并不反对一些人抽烟，但是，对这种现象非常反感。

老师特意查了资料，目前我国人群中遭受被动吸烟危害人数高达 5.4 亿，其中 15 岁以下的儿童有 1.8 亿。另外，我国每年有 100 万人死于吸烟相关的疾病，所造成的经济损失达 279 亿元。这么多人，这么多损失，太可怕了，希望大家回家告诉自己爱抽烟的亲人，请不要在公共场所，尤其是有孩子的地方抽烟。

老师还要告诉大家，北京已经行动起来了。从 2007 年 10 月起，北京出租车全面禁烟。今年 6 月前，所有奥运签约饭店、场馆和餐厅将全面禁烟。

吸烟不仅仅是个人行为，有效控烟是城市文明度的一个标志。让我们一起为一个无烟的公共环境而努力！

总书记在日本教唐诗

我们一起来背李白的《静夜思》：

床前明月光，疑是地上霜。举头望明月，低头思故乡。

大前天，5月9日，正在日本进行国事访问的中国国家主席胡锦涛前往横滨山手中华学校看望该校师生。这所学校的学生就给他朗诵了三首唐诗，《静夜思》就是其中的一首。

在孩子们背完古诗后，胡主席带头鼓掌，表扬孩子们："念得好！"

然后，主席就教起了唐诗：

"你们刚才读的《静夜思》，是谁写的知道吗？"

"李白是哪个朝代的诗人？"

"李白写这首诗，表达了怎样一种心情？"

主席连珠炮似的提问引起孩子们很高的兴致，他们踊跃举手。

每回答完一个问题，胡锦涛主席都提议大家热烈鼓掌。最后主席说："李白是一个大诗人，他离开了故乡，云游到外地，时间长了，他想他的爸爸妈妈了，想他的亲人、他的故乡，这首诗正是表达了诗人思念故乡的心情……"

你看，胡主席多像一位称职的老师！

胡主席到日本进行国事访问，既增进了两国的友谊，又促进了两国文化的交流。

"我相信你们会来救我"

"我就在等你们来救我，我相信你们会来救我！"

"我听到外面有人说话，我就不停地喊救命。没声音了，我就不喊了，我就留点力气。渴了，饿了，我也坚持着。"

"我现在还活着，我很高兴！我希望大家都不要为我担心。我在里面，我会自己保护自己的。你们来救我，我很感谢你们！"

"啊，我妈妈来了？原来我还不想告诉我妈妈的。"

这些话，是一个被困了79多个小时的人说的。地点是都江堰荷花池市场。这个蜷缩在废墟中的女子叫乐刘会，今年22岁。成都消防支队在这片废墟中搜寻了三天才发现了她。在整个救援过程中，这个姐姐说了上面这些话。

这些话，说出了一个不幸者面对灾难的态度与心理。

这时，慌乱，没有用！大喊大叫，没有用！

等待时机，相信自己能获救！保存自救的能量！

良好的心理素质+正确的举动=生存。是消防战士救了她，是她自己救了她！

164 **幼儿园废墟上传出儿歌声**

2008年
5月
21日

这是一篇文章，写了一个小孩子，可是，这文章感动了很多人，这孩子也让很多大人动容。老师来读给大家听——

北川县委大院下游100米远处是当地建筑和人口最为密集的地方。现在，这里成了北川最大的废墟，一座座大楼被震裂直至被附近滑落的山体完全吞没。

15日下午1点左右，救援队员们在一个幼儿园的废墟下发现了一个被困的小女孩。废墟随时有可能因为余震而再次坍塌，孩子的性命危在旦夕。"叔叔，我不怕，你们不要担心。"救援过程中，面对队员的安慰，孩子反倒安慰起了队员们。一块块砖石被移开，队员们才发现孩子双腿被卡，下半身沾满鲜血，从紧咬的牙齿中，不难看出孩子正遭受着巨痛的折磨。

"两只老虎跑得快……"工具简单，救援工作十分缓慢，就在大家着急之时，孩子突然唱起了儿歌。"我唱歌就不会觉得痛。"

获救后，孩子告诉队员，她叫任思雨。

你的手我的手在一起

2008年
9月
15日

　　在刚刚过去的北京奥运会上,老师看到了无数的手,有力的手,美丽的手。泳池里,健将们强有力的手臂在水面翻飞、奋进,掀起了巨大的水花,如同撒了一网珍珠。

　　排球比赛时,运动员们的手高高举起,小小的排球好像一个烫手的山芋,很多双手挤在一起,撞在一块,谁都想把球砸在对方的场地上……

　　手势美若天仙的,一定属于花样游泳运动员们。碧蓝的池水,灵敏的手做出各种美丽的姿势,摆出不同的造型,让观众看得如痴如醉,浑然忘我。

　　我还看到互相祝贺的手:中国体操男团夺冠后,杨威与黄旭击掌致贺,那是缠满绷带的手,沾满防滑粉的手,扬起的是粉尘、是激动、是自豪。

　　最让我感动与铭刻在心的,是这样的手:中国女排队员的手,紧紧握在一起,在一场比赛中,这样的场面要出现很多次。

　　这样的手,暗示着我们,教育着我们,每只手能做很多事,但是,只有联合起来,团结在一块,才能取得佳绩,创造奇迹。

　　现在请每个组的同学也伸出你的手,跟大家的手握在一起,你是否体会到:无论何时,也无论何地,你为人人,人人为你!

梅花鹿与熊猫

2008年
11月
12日

　　请大家欣赏两种美丽的动物:

　　左边的是梅花鹿,右边的是长鬃山羊。

　　这两种美丽的动物,将带着台湾同胞的情意来到大陆。它们是台湾送给大

陆的礼物！

近日，中国海协会会长陈云林等访问台湾。6 日上午，海协会、海基会在台北举行记者会，宣布两岸互赠大熊猫、珙桐树与长鬃山羊、梅花鹿。大陆赠台大熊猫"团团""圆圆"即将落户台北市木栅动物园。为什么赠送珙桐树？是受汶川地震灾区羌族同胞的委托，向台湾方面赠送 17 棵珙桐树苗，以表达灾区同胞和大陆同胞对汶川大地震发生后，台湾各界人士对大陆受灾同胞慷慨捐赠、无私援助的深深谢意。

这次，台湾当局领导人马英九也会见了海协会会长陈云林及协商代表团主要成员等。这次访问，使得两岸同胞情更深意更切；这次访问，更方便、造福了两岸同胞，因为两岸将实现直接通航通邮。课文《跨越海峡的生命桥》提到的需要奔波十几个小时，才能将台湾青年捐献的骨髓送到钱畅病床前的事情，再也不会发生了。

在这里，我们一齐吟诵课文的最后一段，寄托我们两岸早日团圆的愿望：

也许，钱畅和这位台湾青年永远不会见面，但是，能不能见面，并不重要，因为两岸的骨肉同胞，心是连在一起的。那血脉亲情，如同生命的火种，会一代一代传下去，永远不会熄灭。

趣味常识的介绍

"清明节"还有几个名字

2004年
4月
5日

昨天是清明节。大家都知道,"清明节"这一天,人们都要去扫墓,祭祀死去的亲人。

不知大家是否知道,在我们中国,"清明"还有四个名字呢!

第一个是三月节。清明节在农历三月间,因此又叫三月节;

第二个名字是柳节。清明时节,柳树新绿,传出春信,所以清明日又称柳节。

第三个名字是秋千节。清明时换上春装,开始荡秋千,故有秋千节的名称。

第四个名字是踏青节。中国大部分地区,从中原、江南到华北都以清明为踏青节。

好有意思,清明节还有这么多名字!

四大名楼与中华文化

2004年
12月
14日

昨天,我们一起学习了王之涣的《登鹳雀楼》。鹳雀楼是中国名楼,位于山西省永济县境内。唐朝诗人王之涣写了这首诗,鹳雀楼便名扬四方了。

中国还有四大名楼,即黄鹤楼、岳阳楼以及蓬莱阁、滕王阁。

这些楼阁都坐落在风景名胜之地,古时候的诗人喜欢在这些地方聚会,一边观赏祖国壮丽的山河,一边饮酒叙旧,聊着喝着,诗歌就冒出来了,于是就取笔磨墨,挥起如椽大笔,写诗作词。

现在,只要说起鹳雀楼、黄鹤楼等,我们就会记起诗人和诗歌来。其实,今天能看到的黄鹤楼、鹳雀楼等都是后来修建的,但是这有什么关系呢? 只要有王之涣、崔颢、李白的诗在,鹳雀楼、黄鹤楼等便永远矗立在华人心中。它们因诗文而永垂不朽,中华文化因此而光辉灿烂。

记得美国人曾经问中国作家王蒙:"为什么中国人那么爱国?"作家这样回答:"第一,我们都爱汉字汉诗;第二,我们都爱中餐。"

多妙的回答!

今天是冬至

冬至是全家团聚庆丰年的节日。这天家家户户吃"汤圆",这是一种用糯米粉制成的圆形甜品。"圆"意味着"团圆""圆满"。冬至吃汤圆,象征家庭和谐、吉祥。

古代中国天文学家根据气候的变化规律,把一年分为二十四节气,每两个星期定一个节气,冬至就是其中的一个。这一天,距离农历新年还有六个星期。

169

"冬至"的意思就是"冬季到了极点",这个"极点"指的不是气温,而是地球与太阳的关系。这一天,太阳直射南回归线(冬至线),北半球白天最短,黑夜最长,这天之后,太阳又逐渐北移。

民间又根据冬至日到来的先后,以及当天天气的好坏,推测往后的天气。俗语说:"冬至黑,过年疏;冬至疏,过年黑。"意思是:冬至这天如果没有太阳,那么过年一定晴天;反之,如果冬至放晴,过年就会下雨。

树 的 故事

春天到了,树木开始发芽了。

树是人类的朋友:它是一顶顶伞,炎炎夏日时给我们带来绿阴;它是环境卫士,带给我们清新的空气。树木与人类生存息息相关,据联合国有关组织统计,规定植树节、造林日、绿化周(月)的已多达50多个国家和地区。中国是开展植树节活动较早的国家之一。中国的"植树节"在3月12日。我国在1929年就把这一天定为植树节,因为这一天正是孙中山先生逝世纪念日。孙中山先生一贯重视和倡导植树造林,定3月12日为植树节表示人民对他的敬仰和怀念。

说到种树,我想起了关于树的一个故事:

苏霍姆林斯基校长所在的学校有这么一个规矩:一年级小朋友上学后要在校园里种一棵果树。若干年后,果树开花、结果了,孩子要把第一篮水果献给自己的父母亲。爸爸妈妈吃着孩子亲手种出来的水果,脸上洋溢着幸福的笑容。

有空,也请你去种一棵树,请你的爸爸妈妈帮助你。

看着一棵树从小到大,你也慢慢长大,这是多么有意思的一件事啊!

170　**学学张溥**

2005年
4月
8日

400年前,有一个孩子很"笨",别人读一会儿就能背下来的东西,他往往要读几十遍才能背诵。但是,这个孩子并没有灰心,每学一篇新文章,总是先认真抄一遍,校正好,再大声朗读一遍,然后烧掉,接着再抄。这样,一篇文章往往要抄六七遍。后来,他逐渐变得文思敏捷,出口成章,26岁写下了名扬天下的《五人墓碑记》。

这个人就是张溥!

除了读与背,抄写也是学习语文的好方法。因为抄写是手、眼、脑一同参与的学习活动,多种器官参与,记忆的质量和效率就能得到有效的提高。

这方面,我国著名科学家茅以升是好榜样。茅老记忆力相当惊人,古稀之年了,仍能背出圆周率小数点以下一百位精确数值。当有人问他是怎样记住时,他说:"我的方法是重复!重复!再重复!"

的确,在记忆力特别旺盛的青少年时代,我们就要多记一些,多背一些,多抄一些。这就是语文学习的本钱,这就是人生的扎实基础。

劳动最光荣

再过几天,就是五一国际劳动节了。这一天,是全世界劳动人民的共同节日。

劳动是伟大的,因为劳动创造了人类本身。如果不劳动,不制造工具,不在劳动中交流,人类怎么可能成为万物之灵长,又怎么会一步步从黑暗走向光明,从野蛮走向文明?

劳动又是神奇的,因为劳动创造了幸福生活。高楼大厦凝聚了建设者的汗水与智慧,丰收的田野离不开人们的耕耘。劳动是世间最神圣的东西。不劳动,人类将一无所有,地球将一片荒芜,生命因为劳动而美丽,因为劳动而不朽!因此,伟人马克思曾经说过:劳动最光荣!

劳动者最光荣。即使是我们这些还不能自食其力、自力更生的孩子,同样辛勤劳动着、不断收获着。比如上一周学校举行了期中考试,大家都用自己的劳动与智慧,创造着优良的成绩,给自己,给老师,也给亲人带去了欢乐与喜悦。

老师喜欢一首歌,大家肯定也喜欢这首歌,这支歌的名字叫《劳动最光荣》。歌词是这样的:

太阳光金亮亮/雄鸡唱三唱/花儿醒来了/鸟儿忙梳妆/小喜鹊造新房/小蜜蜂采蜜忙/幸福的生活从哪里来/要靠劳动来创造/青青的叶儿红红的花/小蝴蝶贪玩耍/不爱劳动不学习/我们大家不学它/要学喜鹊造新房/要学蜜蜂采蜜忙/劳动的快乐说不尽/劳动的创造最光荣。

请同学们记住:无论何时,劳动都最光荣。

汉字有意思

2005年
6月
3日

　　前不久,我们学习了《黄鹤楼送别》。文中提到了王勃《送杜少府之任蜀州》一诗中的名句:"海内存知己,天涯若比邻。"

　　这诗句是什么意思呢?我们一般都理解为:四海之内有自己的朋友,就像邻居一样近。句中的"存"我们理解为"存有"的意思。

　　最近,老师听了一位教授的讲座,他认为"存"可以这样解释。根据古籍记载,"存"的甲骨文是这样的:左边是"才",右边为"子",意思是草木初生的时候,让人怜爱。后来,这个"存"逐渐引申出了"思念"的意思。用"思念"来解释王勃的名句,诗的境界就不同寻常了:海内思念着我的知己,就像邻居一样近。

　　这是根据汉字最早时的形状而得出的新意。

　　类似的例子还很多,比如"打"。"打"有"打人""打架"等意义,却还有"打的""打成一片"等词语,意义有如此大的差别,怎么理解?这一切当你去探究"打"字古时候的字形时就可以迎刃而解了。"打"左边是一只手(扌),右边是一个人(丁),古时候"打"还表示把钉子之类的东西锲入物体,这样"打"又可以分解为这样四个动作:举、敲、击、进入。用这个意义就可以理解"打的""打成一片"等词语的意思了,前者是举手,后者是"进入"。

　　有人讲,汉字就像一个个故事,你听了"存"和"打"的故事,是否还想了解其他汉字的故事呢,请自己探索吧。

不一样的端午节

2005年
6月
13日

　　今天早晨,老师上班,看到一户人家的门口挂着艾叶菖蒲。啊,端午节悄然来了。

端午节的历史比中秋节更为源远流长，已有二千多年历史了。农历五月初五为端午节，端午节的名字可多了，有端阳节、五月节、艾节、夏节等。虽然名称不同，但各地人民过节的习俗相差不大，每到这一天，家家户户都吃粽子、挂艾叶菖蒲，当然还有赛龙舟等。

端午节是用来纪念伟大的民族诗人屈原的。屈原，是战国时代楚国人，他爱国，却又报国无门，在祖国消亡之际，投汨罗江而死。据说当时楚人因舍不得屈原死去，于是有许多人划船追赶拯救——这就是赛龙舟的由来。楚人又唯恐鱼把屈原吃掉，因此用竹筒盛装糯米饭掷下——这便是吃粽子的由来。

今年的端午节跟往年差不多，但也有些不一样。最大的不一样就是人民网在头条登了一条消息：韩国将申报"端午祭"作为本国非物质世界文化遗产。大家都知道，端午节最早从中国南方开始，后来逐渐流布全国，并传播到域外。韩国的端午祭就来源于中国，但是传演至今，已形成了自己的特色，比如韩国的端午祭活动要持续20多天，有假面舞剧、荡秋千、长跪比赛、高校足球赛等项目。

这样的"不一样"给我们提了一个醒：我们的节日别成了别国的文化遗产！如何继承和弘扬自己的民族文化呢，值得我们每一个中国人思考。

173

"老舍"名字的由来

2005年
9月
9日

课文《猫》的作者是老舍。老舍姓老吗？

当然不是。那么，这个名字有什么来历呢？老师不说，你们带着问题自己去解决。

很高兴，有些孩子通过查阅资料、上网搜索等，得到了答案。我们向这些同学表示敬意。老师在这里特别要提三位同学。

第一位是孙如意同学。每次探究性作业，她总是积极参与，每次都有收获。这次也不例外。稍有不足的是介绍了老舍爷爷的一些情况，却没有回答我们要解决的问题。

第二位是杨梓同学。她打印的资料准确地解决了我们的问题。

第三位是金佳雯同学。她交上来的纸条最小，但是用自己的笔抄录，简洁而明确地介绍了"老舍"这个名字的由来。现在我们有请她来给大家读一读：

现代著名作家和人民艺术家老舍先生是满族人，北京市人，出生于城市贫农家庭。老舍先生原名舒庆春，是父母所起。因为他出生在腊月二十三日那天，离春节只差7天，图吉利，取名"庆春"，是庆贺春天到来的意思。后来，老舍先生考取中等师范学校后，给自己起了一个别名，叫"舒舍予"。这个名起得很巧妙，老舍是把自己的姓拆成两半，成为"舍予"二字。这两字又有"舍我"——放弃私心和个人利益的意思，也有奉献自己的含义。以后，他取"舍予"中的头一字，前面加一个"老"字，成为"老舍"，当作自己的笔名。

这就是老舍先生！谢谢金佳雯同学！

走近爱因斯坦

2005年
12月
19日

爱因斯坦1879年出生于德国。爱因斯坦是当代最伟大的物理学家。

爱因斯坦一生中最重要的贡献是相对论。

还是来说说爱因斯坦与孩子的故事吧：

1946年7月10日，一个英国学生从南非开普敦市的寄宿学校给爱因斯坦写了一封天真可爱的信。信中有这样一段话：

"我本来早就应该给您写信的，只是我不知道您竟然还活在世上。我对历史不感兴趣，我原以为您是18世纪前后的人物呢！我肯定是把您和牛顿或其他什么人搞混了。"

接着，这个学生又说他对天文学很有兴趣，并常常与一位同学在晚上悄悄穿过极长的房间到外面去观察天象，还多次被抓住和处罚。他无法理解什么是弯曲空间。在信的结尾处他以满腔爱国主义的情调写道：

"真遗憾您加入了美国国籍，如果您加入英国国籍，那该多棒！"

1946年8月25日，爱因斯坦写了回信：

"亲爱的马斯特：

"感谢你 7 月 10 日的来信。真对不起你了，我至今还活在人间。请接受我的歉意。但是这种情况是可以补救的。

"我希望今后你同朋友的天文研究将不再被学校当局的耳目发现。大多数善良的公民对他们的政府，都持有这种态度。我认为这很有道理。"

再说第二个故事：

普林斯顿有个十二岁的女孩子，在放学回家的时候，总是跑到爱因斯坦家里去玩。妈妈发现之后，把孩子骂了一顿，同时赶紧来向爱因斯坦道歉，说女孩子不懂事，浪费了教授许多宝贵时间。爱因斯坦笑着说："噢，不用道歉。她带甜饼给我吃，我帮她做算术题。不过，我从她那里学到的东西，恐怕比她从我这里学到的东西还要多。"

请大家也读读爱因斯坦，走进这位伟大的科学家。

古有毕昇，今有王选

2006年
2月
15日

175

说起毕昇，大家就会想起印刷术，想起中国古代四大发明。毕昇让咱们中国自豪！

前天，北大教授王选去世了。"王选"，一个也许有点陌生的名字，却每一天都给大家带来快乐。为什么？我们每天读的书，看的报，大多数是用北大方正激光照排系统出版的。而王选，正是方正的创始人，是方正的象征。

王选，被誉为当代毕昇。王选是中国两院院士和第三世界科学院院士，曾荣获国家最高科技奖。王选不但本领高强，而且胆识过人，能说真话，敢于急流勇退，是一个大写的好人。他曾说过不少富有哲理的话，我们学习之，以表示悼念之情：

一个有成就的科学家，他最初的动力，绝不是想要拿个什么奖，或者得到什么样的名和利。他们之所以狂热地去追求，是因为热爱和一心想对未知领域进行探索的缘故。

不要迷信院士。一般来说，院士者，是他一生作了重要贡献，给他一种安慰、一种肯定而已，多数院士创造高峰已过，特别是在计算机等新兴领域，很难有 60

岁的权威。

最后让我们来听听他的一个故事：

1985 年王选在香港，看到高级商场中一些人在买高档首饰，尽管他当时工资很低，没有奖金，但王选忽发奇想："将来会证明，这些买高档物品的人对人类的贡献可能都不如我王选。"于是一下子感到有一种强烈的自豪感，后来王选则称此为"精神胜利法"，但这与阿Q不同，是对知识价值的高度自信。

李白与汪伦

2006年
2月
23日

说起李白，家喻户晓；说起汪伦，十有八九不知道。

李白与汪伦是一对好朋友。说起两人的相识，还有一个小故事呢：

唐天宝年间，汪伦听说诗人李白旅居于南陵叔父李冰阳家，欣喜万分，就写了一封信给李白，邀请他来游玩。信里有这么一句话："先生不是爱好旅行吗？我这里有十里桃花；先生不是喜欢喝酒吗？我这里有万家酒店。"等李白高高兴兴而来，却什么也没有看到。汪伦实话实说，告诉李白："桃花"是渡口的名字；"万家酒店"是因为店主姓万。李白听后大笑不止，并不生气，反而被汪伦的盛情所感动。

相聚是短暂的，分手这天，李白带着汪伦送的礼物，上了小船准备离开桃花潭，忽然听到有人踏歌来送行，啊，原来是汪伦兄啊！多么优美的歌声，多么动人的旋律，李白听着听着，心潮起舞，但见桃花潭四周，桃花正盛开，犹如粉红的云霞；碧绿的潭水，如同无瑕的翡翠，汪伦啊，你送别的情谊，要比这潭水还深哪！

于是，李白脱口而出小诗一首《赠汪伦》：

李白乘舟将欲行，

忽闻岸上踏歌声。

桃花潭水深千尺，

不及汪伦送我情。

176

妙语解"中华"

2006年
9月
19日

陈俊愉爷爷是北京林业大学的教授、博士生导师，也是中国花卉学界第一位也是唯一的中国工程院院士。他一辈子都在为花奉献，为花奔忙，为花憔悴。这样的一位老人，对"中华"有自己独特的理解：

"中"者，天下中间的意思。因为我们古人地理知识匮乏，就认为我们所居住的中国是世界的中心。但现在这样说也不过分，因为我们处在东半球的北温带，可以说是世界最好地段的中央。"华"其实很简单，"华者花也"，一片锦绣，万紫千红。所以，最直接最简明的解释，"中华"就是"世界当中的最美丽的花卉故乡"。

这是一位值得尊敬的老人，他爱花，爱自己的祖国，因此，他才会把 70 年花卉生涯中积聚起来的对花卉的感情融会升华到了对祖国、对人民的热爱上。

177

留心生活中的语文

2006年
10月
21日

最近，朝核问题再次引起了全世界的关注与担忧。

这不由让我想起 2004 年 2 月，北京朝核问题第二次会谈中，各方代表的语言精彩极了！

第一轮会谈中，俄罗斯团长引用了"与其黑暗，不如点支小蜡烛"的民谚，生动表现了会谈迈出第一步的重要性。

在会谈的关键阶段，中国团长王毅介绍了中国著名的"叶公好龙"典故，希望大家都不要做叶公，要沿着弃核的方向迈出实质性的一步。

朝鲜团长为了说明一切努力要从现实性出发，在会谈中引用了一则朝鲜民谚："被子有多大，脚才能伸多长"；为了说明有一点成果总比没有强，他又用朝鲜俗语"没有野鸡，家鸡也可以"，很是生动有趣。

韩国团长在闭幕式上引用了韩国诗词"菊花要芬芳吐艳，要经过电闪雷鸣的考验"，借以说明各方要有经历和战胜困难的决心，才能苦尽甘来。

日本团长主张各方采取向前看的态度，称这就像盖房子一样，需要不断添砖加瓦。俄罗斯团长接着补充道：俄国也有一句成语，叫"小溪汇成江河"，和中国的"千里之行始于足下"是一个意思。

2004年2月28日的会谈闭幕式上，中国外长李肇星以凝练如诗的"民心重如山，民心系和平"的寄语为会谈作了概括，博得了各方代表的热烈掌声。

留心这些领导人的话，你是不是觉得很有趣？

说相声的马季爷爷

2006年
12月
27日

我们班上有人喜欢听相声吗？

刚刚去世的马季爷爷就是一个说相声的大师，一个把相声看得比生命重要的一个老人。

现在我们熟悉的"红眼病"、"妻管炎"、"我一出生就退休了"等家喻户晓的话，就是马季爷爷创造的。

马季爷爷长得很可爱，胖乎乎的圆脸，笑眯眯的小眼睛，谁看了都不由得想笑。从1956年他参加全国业余曲艺大汇演的处女秀《都不怨我》，到今年获得中国曲艺终身成就奖，50年从艺生涯，给人们留下了数不清的笑声。在中国相声网2000年公布的名为"谁对相声贡献大"的网络评选中，马季的得票超过侯宝林名列第一。因此，中国曲艺家协会拟授予马季先生"人民曲艺家"称号。

马季爷爷曾说过这样的话，"想起我这50年来的舞台生涯，不为钱，不为官，就是通过表演满足观众对笑的愿望。"

"满足观众对笑的愿望"，多么朴素的话语！

马季爷爷这么说,也这么做。前几天,马季爷爷去世了,但是他的笑,永远留在了观众们的心中。

30首曲目将在太空中播放

2007年
1月
8日

请同学们听一首歌:

请把我的歌带回你的家
请把你的微笑留下
请把我的歌带回你的家
请把你的微笑留下

明天,这歌声飞遍海角天涯
明天,这微笑将是遍野春花

179

这首歌的名字是《歌声与微笑》,是我国的第一颗人造月球卫星发射升空后将要播放的一首歌曲。

我国将于今年发射第一颗人造月球卫星——"嫦娥1号"。为了歌颂伟大的祖国,弘扬中华传统文化,卫星将在到达绕月轨道后,于距地球38万公里以外的太空向地球播放一组由全国人民选出的歌曲。这30首歌曲分别是:《谁不说俺家乡好》、《爱我中华》、《歌唱祖国》、《梁山伯与祝英台》、《我的祖国》、《走进新时代》、《二泉映月》、《黄河颂》、《青藏高原》、《长江之歌》、《在希望的田野上》、《春天的故事》、《七子之歌》、《我的中国心》、《高山流水》、《草原上升起不落的太阳》、《阿里山姑娘》、《贵妃醉酒》选段、《难忘今宵》、《歌声与微笑》、《春节序曲》、《半个月亮爬上来》、《游园惊梦》选段、《富饶辽阔的阿拉善》、《良宵》、《十二木卡姆选曲》、《东方之珠》、《在那遥远的地方》、《我是中国人》、《但愿人长久》。

同学们,请大家去听听这些曲目,把好歌好曲记在心中。

中国有多少"张伟"？

2007年
9月
18日

　　老师得到的答案是：中国叫"张伟"的就有 30 万人。数据很权威，来自教育部、国家语委刚刚发布的《2006 年中国语言生活状况报告》。

　　像"张伟"这样的重名，在我国人口中非常多。与此同时，一些爸爸妈妈喜欢用生僻字给孩子起名字，由此造成很多不便。

　　教育部有关领导介绍说，2006 年中国语言生活生机盎然、和谐健康，语言文字观念正在发生重大变化。新事物、新观念、新词语及其新用法大量涌现。

　　报告也很有意思，还发布了北京语言大学等单位联合发布的"2006 年度中国报纸、广播电视十大流行语"。其中，"农村义务教育"列入国内时政类十大流行语，"留守儿童"列入社会生活类十大流行语。农村义务教育包括了农村初中与小学教育。"留守儿童"是指爸爸妈妈都外出打工的孩子。

　　报告还显示，70%左右的农民工不能熟练使用普通话，从而制约了他们选择好工作。

　　愿大家学好普通话，写好中国字！

外交部长讲了一个小故事

2007年
10月
31日

　　这是一个发生在瑞士的真实故事：

　　龙永图，中国的外交部副部长。一次，他和几个朋友到公园里散步。上厕所时，听到隔壁的卫生间里"砰砰"地响，龙永图感到有点纳闷。他出去后，一位女士很着急地问他有没有看到她的孩子，她的孩子进厕所十多分钟了，还没有出来，她又不能进去找。龙永图想起了隔壁厕所的响声，就跑进去打开厕所的门，只看到一个七八岁的小孩正在修抽水马桶,怎么弄都冲不出水来,急得满头大汗……

上厕所不冲水违反了规则,这是一种社会责任感,一种遵守规则的习惯。这样的品质非常可贵。你具备了吗?

说"东西"

双休日,我们经常跟着爸爸妈妈去"买东西"。为什么只有"东西"而没有"南北"? 这里有一个故事呢:

据说,宋朝有个朱熹,好学多问。他有个好朋友叫盛温和。有次两人在巷子里遇到,朱熹问道:"你提着篮子去干什么啊?"盛温和回答:"去街上买东西。"当时还没有"东西"这一说法。朱熹不解地问:"买'东西'? 这是什么意思? 为何不买'南北'?"盛温和并没有直接解答,笑着说:"真不明白? 你这位大学问家真是聪明一世糊涂一时啊。你把五行和五方对照一下就会明白了。"

朱熹想,"东"即"木",代表一切植物,如花草、树木等;"西"为"金",代表一切金属矿物,如金银铜铁等;"南"属"火","北"乃"水","中"属"土",代表一切有用的物质。朱熹很快就明白了,原来盛温和是说,上街去买金木之类可装入篮子的物品,若说"南北"就不对了,篮子里怎么可以装水和火呢?

"东西"就是这么来的。有趣吗?

181

"万卷"该有多少书

"读书破万卷"常用来形容一个人读书很多、学识渊博。意思是,万卷书都被翻破,可见读书很多。这句话出自杜甫的一首诗。

杜甫从小努力学习,刻苦读书,七岁就会写诗,九岁就能写很漂亮的大字,十四五岁时就能写出像样的文章。二十岁时,他的学问已经很渊博了。杜甫写了一首诗,说自己"读书破万卷,下笔如有神"。这是不是在吹牛呢?

如果仅仅以数量而言,"万卷"的确不少,可实际上"万卷书"并没多少内容,因为那时人们读的书是竹简。古人一卷书的篇幅,只相当于现在的一章。一个人从七岁起每天读三卷书,到不了二十岁就能读万卷书。中国古代能读过百种书以上的读书人,就算是很博学了。

如果你想成为学问渊博、见多识广的人,就得"读书破万卷"。

发现身边的语文差错

2008年
1月
9日

在上海,有一份小杂志,名叫《咬文嚼字》。它很了不起,有一双火眼金睛,经常给名人、杂志等挑错别字。最近,它公布了 2007 年中国媒体出现的十大语文差错。我们来认识一下其中的几个"错误"。

经常用错的称谓词是"家父"。如果有人问你:"家父身体好么?"这就要闹笑话了。"家父"只能用来称呼自己的父亲;问候别人的父亲,习惯上用"令尊"。

地名中容易混淆的字是:州和洲。如"月儿弯弯照九洲,几家欢乐几家愁"中就用错了,"九洲"的正确写法应为"九州"。"九州"为中国的代称。

计量单位中常见用字错误是:吋。如:"52 吋液晶电视"。"吋"是一个淘汰字,应该改用"英寸"。1977 年国家发出《关于部分计量单位名称统一用字的通知》,淘汰了部分计量单位的旧译名用字,"吋"字是其中之一。

引用古诗名句的常见错误是:"海上升明月"。每到中秋节时,媒体上常会引用"海上生明月,天涯共此时",但往往把"生明月"误为"升明月"。这两句诗出自唐代诗人张九龄的《望月怀远》。一个"生"字,多有活力,是诗中的传神之笔;误为"升"字就直白了,既不忠实于原著,又没有诗意了。

跋

追求教育无痕

2004 年三四月间,从教研室回到讲台后的第一个春天。

教室外,春光明媚,春花烂漫。因为班主任有事请长假,我成了二(3)班的临时班主任,孩子们的好动与顽皮让我一时颇不适应。这天,不经意间我发现了某调皮生的一个小秘密,遂在语文课上作了一次谈话,题为《王周斌的奖状》。当"王周斌"的名字美美地从老师的嘴里说出来时,教室里出奇的安静。谈话完毕,大家掌声雷动。王周斌这个小胖子也不好意思地埋着头。我没有料到,此后,他悄悄地变了,无论上课还是作业都有了进步,一下课就跟着我,问这问那,好似变了一个人。

这件事启迪了我:变换谈话的方式能收到理想的教育效果。于是,我开始了演讲。此"演讲"非彼"演讲"——在我眼里,有心有意有情有效的教育的谈心,便是演讲了。教师追求的不是舞台美,而是讲台上的真与善。

蓦然回首,六年间,断断续续,课堂演讲竟已整理了几百篇 10 余万字。

六年前,我根本没想过自己会把这件小事坚持做下来!

六年后,我也没有想到这些零零碎碎的东西能够正式出版——它们曾经真实地存在,仿佛一阵微风,在教室里拂过每个孩子的脸庞。这些语言的气息进入我们的呼吸,有时,我常常奢望它的终点是孩子的灵魂与心灵。

六年间,有两件事不能不提:

2005 年夏,朱学清校长曾用整整一期《大语文学习》的篇幅,刊印了我在2004 学年的全部演讲稿。我要感谢朱校长,感谢他把这作为礼物送给我,一个初来乍到的单位新人,一个怀着梦想的语文教师,在上海、在小学忙碌而愉快地工作着,在语文教育的天地里幸福地耕耘着,我要感谢这里的每一个人,你们的关注和帮助温暖了我。这是第一件事。

第二件事,2006 年春,《小学语文教师》的执行主编李振村先生无意间看到了《大语文学习》小册子,他仿佛发现了什么宝贝似的,决定在杂志上把我作为"青年新秀"推出来,主打文章就是《追求教育无痕》。文章出来后,我陆续从朋友、从互联网等得到一些反响,这让我看到了课堂演讲的意义与价值,更坚定了我持续改进的信心与决心。

现在，我还是要说：我没有想过，更没有想到，自己正在做的这件小事会成为我的"品牌"，我的"专利"。只是关于教育，我有许多话要说，也觉得有许多事要做。演讲是我过去几年中经常在做，并且做得比较用心的一件事。我很喜欢德雷莎修女的一句话："我们无法在人间做大事，我们只能用大爱来做小事"。无论演讲还是其他，只要值得去做，只要能帮助学生成长，就应该大胆尝试；只要咬定青山不放松，就一定能获得职业的尊严和人生的欢乐，比尔·盖茨曾说过：人生的全部秘密，都藏在你的兴趣里。

这六年，我在乎人生中随处可见的真诚和感动，我珍惜生命中每一位一起走过的亲人和朋友。我祈祷我认识的人和认识我的人都健康幸福。末了，我还要感谢——

感谢松江教师进修学院的杨敏老师、殷新珍老师、陆龙潭老师、陈震老师、徐宁老师、蔡基老师、陈浩峰老师，他（她）们曾多次来听我的课，给我无私的指点与真诚的帮助。

感谢上海市教委教研室薛峰老师、陈祧老师，感谢市小语会徐根荣老师和冯寿鹤老师，感谢上海师范大学吴立岗教授，感谢上海师资培训中心朱纪华老师、何侠斋老师，他们关注我的课堂教学与教改实践，曾多次百忙中莅临指导，予我以积极的评价和热情的鼓励。

感谢退而不休的上海市特级教师贾志敏、徐鹄、李静艳、吴爱光等老师，他们高超的教学艺术和无私扶持青年教师的情怀令人感动，他们把我领向人生幸福的深处。

感谢我的导师李永元先生，现在每个月，我都能见到李老师，聆听他的指点、教诲，在他的影响下读书、教书，也做一点研究。李老师曾在一则短信中这样鼓励我："你能不断地走远登高即是我莫大的快慰！"

感谢为本书作序的我的老师夏元麟先生，他是上海人，却在江西、江苏奉献了自己的青春与人生的智慧，他与师母在我中师生活乃至以后的很长一段时间里都充当了我学习与生活的双重导师，让我在教育生涯的起步阶段走得更稳、更踏实。

感谢为本书作序的徐根荣先生。徐老师一直视我为学生，事事关怀，时时提醒，经常帮助，引我进入新天地、开始新追求，在语文教学之路上走得更快、更坚实。

感谢上海教育出版社李振村、杨文华两位编辑为本书出版付出的辛勤劳动与心血智慧。

最后我要感谢我的妻子王菊红、儿子谈笑，他们陪伴着我，从吴江到苏州再到上海，无怨无悔，使我能够静心读书、教书、写书，做一个幸福的教书匠。

2010 年 3 月改就

图书在版编目(CIP)数据

讲述身边的故事：谈永康老师语文课堂演讲选粹 / 谈永康著.
—上海：上海教育出版社,2010.12
ISBN 978-7-5444-2971-9

Ⅰ.①讲… Ⅱ.①谈… Ⅲ.①语文课—小学—课外读物
Ⅳ.①G624.203

中国版本图书馆CIP数据核字(2010)第230895号

责任编辑 杨文华
封面设计 一步设计

讲述身边的故事
——谈永康老师语文课堂演讲选粹

谈永康 著

出版发行　上海世纪出版股份有限公司
　　　　　上 海 教 育 出 版 社
　　　　　易文网 www.ewen.cc
地　　址　上海永福路 123 号
邮　　编　200031
经　　销　各地新华书店
印　　刷　上海书刊印刷有限公司
开　　本　787×1092　1/16　印张 12.25　插页 2
版　　次　2010 年 12 月第 1 版
印　　次　2010 年 12 月第 1 次印刷
书　　号　ISBN 978-7-5444-2971-9/G·2290
定　　价　22.00 元

(如发现质量问题,读者可向工厂调换)